婴幼儿保育工作基础

Yingyou'er Baoyu Gongzuo Jichu

编审委员会

主　任：杨俊良　李　森

副主任：张元奎　王身佩

委　员（按照姓氏笔画排序）：

王仲英　王彩凤　乔　锦　刘颂华　李　萍　李晓慧　张瑞平　赵丽英　柳阳辉　段青珍　徐红娟　梅纳新　韩培庆　靳　祺

本书主编：李　霞　李湘菊

本书副主编：刘　哲

本书参编（按照姓氏笔画排序）：

李雪莹　张凯歌　林静雯

图书在版编目(CIP)数据

婴幼儿保育工作基础/李霞，李湘菊主编.—北京：北京师范大学出版社，2023.10
河南省职业院校学前教育专业教材
ISBN 978-7-303-29312-4

Ⅰ.①婴… Ⅱ.①李… ②李… Ⅲ.①幼教人员－工作－中等职业教育－教材 Ⅳ.①G617

中国国家版本馆 CIP 数据核字(2023)第 129496 号

教材意见反馈 gaozhifk@bnupg.com 010-58805079
营销中心电话 010-58802755 58800035
编辑部电话 010-58807468

出版发行：北京师范大学出版社 www.bnup.com
北京市西城区新街口外大街 12-3 号
邮政编码：100088
印　　刷：北京同文印刷有限责任公司
经　　销：全国新华书店
开　　本：787 mm×1092 mm 1/16
印　　张：10.75
字　　数：209 千字
版　　次：2023 年 10 月第 1 版
印　　次：2023 年 10 月第 1 次印刷
定　　价：29.80 元

策划编辑：王　超　　责任编辑：朱前前
美术编辑：焦　丽　　装帧设计：焦　丽
责任校对：张亚丽　　责任印制：陈　涛　赵　龙

版权所有　侵权必究
反盗版、侵权举报电话：010-58800697
北京读者服务部电话：010-58808104
外埠邮购电话：010-58808083
本书如有印装质量问题，请与印制管理部联系调换。
印制管理部电话：010-58800608

丛书序

教材是职业院校组织教育教学活动、开展教育教学改革、实现党的人才培养目标的基本依据，是职业院校培养合格人才的重要保证。教材建设是国家事权和铸魂工程，习近平总书记强调“用心打造培根铸魂、启智增慧的精品教材”。党的二十大报告提出要“加强教材建设和管理”，将教材建设作为深化教育领域综合改革的重要环节。因此，编写一套既能全面准确体现习近平新时代中国特色社会主义思想和党的二十大精神，又能及时反映学前教育发展水平、凸显职业教育类型特色、适应社会发展和职业需求的优质教材，不仅是当今职业院校学前教育相关专业人才培养的需求，也是深化教育教学改革发展的重要政治任务。为深入贯彻落实习近平总书记关于职业教育和教材建设工作的重要指示批示精神，以及中共中央、国务院关于加强和改进新形势下大中小学教材建设的意见，不断提高职业院校学前教育专业人才的培养质量，现由多方合作编写了这套职业院校学前教育相关专业系列教材。这套教材很好地体现了全国职业教育大会和全国教材工作会议精神，契合了《学前教育专业师范生教师职业能力标准(试行)》的要求，具有鲜明的时代特色和创新之处。

第一，坚持党的教育方针和正确价值导向，落实立德树人根本任务。教材是党和国家意志的体现，建设什么样的教材体系和教材，深刻影响着国家的人才培养，教材建设是国家事权。这套教材，能够坚持正确的政治方向，以习近平新时代中国特色社会主义思想为指导，坚持党的教育方针和正确价值导向，落实立德树人根本任务，有机融入党的二十大精神、中华优秀传统文化、革命传统、法治意识和国家安全、民族团结以及生态文明教育，努力构建中国特色、融通中外的概念范畴、理论范式和话语体系，防范错误政治观点和思潮的影响，引导学生树立正确的世界观、人生观和价值观，坚定不移听党话、跟党走，努力成为德智体美劳全面发展的社会主义建设者和接班人。

第二，把好教材的科学关，发挥好教材的基本工具作用。教材是体现职业院校教学内容和方法的知识载体，是职业院校教学中最基本的工具。把好教材的科学关，即保证教材内容的科学性、先进性和针对性。在编写教材时，一是要依据国家职业院校教材建设规划以及学科专业或课程教学标准(规范)等，服务职业院校教育教学改革和人才培养，全面准确阐述学科专业的基本理论、基础知识、基本方法和学术体系，体现创新性和学科特色，满足教学需要；二是要符合高素质人才成长规律和学生认知特点，体现先进职业教育理念，适应人才培养模式创新和优化课程体系的需要，突出理论和实践的统一；三是要编排科学合理，符合学术规范，遵守知识产权保护等国家法律、行政法规，不得有民族、地域、性别、职业和年龄歧视等内容，不得有商业广告或变相商业广告。

第三，创新教材呈现形式，满足个性化“教”与“学”的需求。在飞速发展的信息时代，信息技术已成为最具潜力的生产力，也是人们工作、学习和生活的重要方式和手段。创新教材呈现形式，即适应“互联网＋教育”的发展需求，推进新形态立体化教材建设。在编写教材时，一是以纸质教材为核心，积极开发配套的多媒体课件、视频、音频、习题库、案例库等教材资源，实现“纸、数”融合；二是对教材资源进行开发与整合，建立动态、共享的教材资源库，实现优质教材资源的共建与共享；三是搭建资源平台或网络课程，构建人人皆学、处处能学、时时可学的智能化学习平台，实现线上、线下教学畅通无阻，促进教与学、教与教、学与学的全面互动，进一步提高教学质量与人才培养质量。

第四，保持教材的开放性，适应时代发展的需要。系统论告诉我们，一个开放的系统具有不断地与外界进行物质、能量和信息交换的性质和功能，是系统向上发展的前提，也是系统稳定存在的条件。保持教材的开放性，即编撰教材应解放思想，立足现在，面向未来，要适应时代发展的需要。在编写教材时，一是要坚持理论联系实际，关注教育实践和社会发展中出现的新情况、新问题，积极为研究和解决这些新情况、新问题出谋献策；二是要对接先进教育理念，反映学科教学和科研最新进展，确保教材内容与时俱进；三是要建立健全质量评价和更新制度，要重视采集广大师生在使用过程中的信息反馈，建立第三方纠错机制，充分吸纳社会监督意见，对教材进行定期审查和升级，不断改进、完善教材。

教材建设是系统工程，需要教材编写者、出版者、使用者和教学管理者等多方面的共同努力。确保每一本教材都成为精品，是广大教材编撰工作者追求的目标。我们期望这套教材能对职业院校学前教育相关专业的人才培养作出一些贡献。我们期待全国职业院校的广大师生以及相关工作者的意见和建议，以便在教育教学实践中不断完善教材。

杨俊良

郑州幼儿师范高等专科学校校长

前　言

幼儿保育专业为2021年职业教育专业目录中新增加的一个专业，目的是对中职学校和高职学校在学前教育人才培养目标上进行区分。托育的培养目标不仅有“托”而且有“育”。本教材符合婴幼儿托育课程的培养目标，目的是让学生对托育工作有一个整体的认知。本教材内容共分为七个单元，分别是托幼机构保育工作概述、托幼机构的构成与管理、托幼机构一日活动保育要点、托幼机构教师的沟通与表达、托幼机构规章制度、托幼机构环境基本要求、托幼机构政策法规。目前市场上该类教材较少，本教材为创新性教材。我们在编写本教材过程中充分研究保育员工作标准，在课程内容与职业标准上突出“五个对接”(专业与产业对接、课程内容与职业标准对接、教学过程与生产过程对接、学历证书与职业资格证书对接、职业教育与终身学习对接)，反映最新课改理念，符合教育部关于职业教育国家规划教材建设的要求和国家关于职业教育教学改革的方向。

本教材编写人员均为一线教师，有多年学前教育专业授课经历，实践经验丰富。在编写本教材过程中与幼儿园和其他院校展开深度合作，结合幼儿园需求，从教材的编写设计、教材的使用到教材的评价反馈都征询了幼儿园教师的建议和意见，选取了托幼机构第一手资料，从托幼机构相关工作岗位出发，对接保育员工作标准，对接保育员知识竞赛和幼儿照护“1＋X”职业技能等级证书，培养优秀的保育教师。

本教材秉承“以培养职业能力为核心，以托幼机构保教活动为主线，以项目为主体，通过项目驱动，建立以工作过程为框架的课程结构”思路，对接托幼机构工作岗位，采取行动导向的教学模式，将学生的“学”作为课堂的主体进行设计，不断强调学生学习的主观能动性，以激发学生的学习兴趣为基础，以引导学生的创新思维为手段，以能力培养为本位，将理论学习与实践学习相结合。本教材体现习近平新时代中国特色社会主义思想，全面落实课程思政建设要求，坚持把政治方向及正确的价值导向贯穿育人全过程，为学生职业生涯服务。各项内容有鲜明的特色，适合中职幼儿保育专业学生及社会学习者学习。

1. 课程思政，富科学性。习近平总书记要求各类课程要与思想政治理论课同向同行、形成协同效应。本教材专门设置“铸魂育人”栏目，充分体现中华优秀传统文化、社会主义核心价值观等内容，在选择案例时选择贴近学生生活实际的小的案例，同时又选取体现中国精神的小人物的事件。本教材立足培养学生关爱幼儿、热爱生命、团队协作和爱国爱家的精神，是对学生进行思政教育的好范本，编排体系科学合理。

2. 校园合作，具针对性。本教材发挥校园“双元”育人功能，由两所高职院校与一所幼儿园共同参与教材的编写，由学校与幼儿园共同搭建真实的工作场景，体现行业最新的政策法规、最新的教育理念要求，培养学生综合职业素养，最终实现“幼儿园岗位技能需求”与“中职院校课程教学设计”的有效对接与融合。

3. 新型教材，具高效性。本教材为开放的、融通的、统一的新形态一体化教材，教材涉及资源丰富。本教材配置各类文本资源、图片资源等。本教材充分考虑中职学生特点，运用电子资源引起学生学习兴趣，帮助学生随时随地学习。

本教材由河南经贸职业学院副教授李霞和河南省实验幼儿园副园长李湘菊主编，河南物流职业学院张凯歌、河南经贸职业学院李雪莹和林静雯参编。其中李霞负责单元一、单元七，刘哲负责单元二，李湘菊负责单元三，李雪莹负责单元四，张凯歌负责单元五，林静雯负责单元六的编写任务。

在《婴幼儿保育工作基础》的编写过程中，北京师范大学出版社王超编辑为教材的编写体例提出了大量的意见和建议，多家幼儿园提供了丰富的案例和图片资料。在此，我们表示诚挚的谢意！

编者

2023 年 8 月

目　录

单元一　托幼机构保育工作概述

学习目标

1. 了解婴幼儿保育的概念及工作意义。
2. 学会婴幼儿保育工作的要求。
3. 掌握托幼机构的概念、类型和工作要求。

单元导读

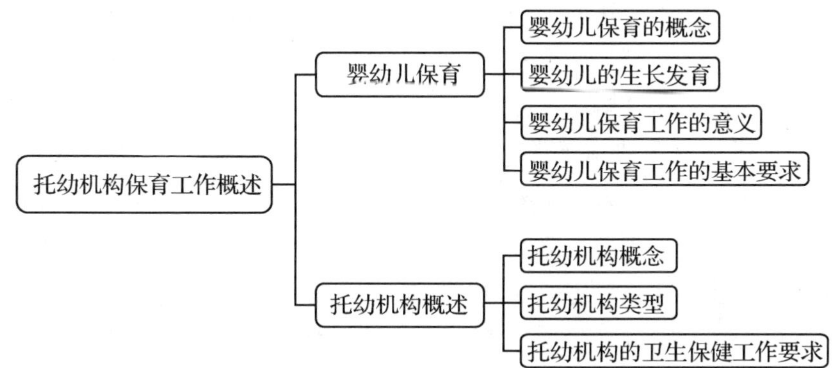

婴幼儿是指0—6岁的小龄孩子。根据《3—6岁儿童学习与发展指南》《幼儿园工作规程》，我国幼儿园主要针对的为3—6岁幼儿。2019年4月，国务院办公厅发布的《关于促进3岁以下婴幼儿照护服务发展的指导意见》中规定，要建立完善促进婴幼儿照护服务发展的政策法规体系、标准规范体系和服务供给体系，充分调动社会力量的积极性，多种形式开展婴幼儿照护服务，逐步满足人民群众对婴幼儿照护服务的需求。目前市场上针对0—3岁婴幼儿的托育机构极少。随着人口出生率的降低，托幼未来针对0—3岁的婴幼儿照护也将是幼儿园发展的主要任务。

典型案例

在参观幼儿园时，听到幼儿园王老师抱怨，她一直觉得教师是很崇高的职业，毕业后，终于成为一名幼师，觉得自己的梦想成真了。但是她发现这个教师和自己想象的不太一样，不仅仅要搞好教育工作，教孩子们做游戏，还要做保育工作，教孩子们穿衣服、吃饭。那么，幼儿园教师都要做什么工作呢？

第一课　婴幼儿保育

0—6 岁是人生最重要的阶段。0—6 岁，是孩子身体、智能等方面飞速发展的时期。这个时期的孩子不仅需要饮食方面的营养，而且要有懂得早教知识的父母对其各项智能、习惯的发掘和培养。他们就如同缺水的海绵，努力吸收着他们所能接触到的一切信息，并拥有超强的学习能力。

儿童时期孩子的大脑还在发育，人生中的许多重要的能力比如运动、语言、情商和社会性，等等，都是在这段时间形成的。他们不是被动地成长而是主动地发展和完善自己。

一、婴幼儿保育的概念

婴幼儿是婴儿和幼儿的统称，一般是指 0—6 岁的小龄孩子。许多的儿童论著、医学论著、儿童早期教育会将婴儿和幼儿合并起来说，以方便理解。

但如果从孩子发展层面来说，一般将 0—28 天的称为新生儿，1 岁以下的称为婴儿，1—3 岁为幼儿前期，3—6 岁为幼儿期。

婴幼儿保育是指成人为婴幼儿的成长提供良好的生活环境，给予婴幼儿精心的保护、照顾和养育，以保证婴幼儿正常的生长发育，促进婴幼儿身心良好的发展。婴幼儿保育应包括身体保育和心理保育两个层面。

身体保育，是指成人对婴幼儿身体及其机能的保护、照顾和促进。它既包括对婴幼儿的身体进行保护和照顾，使其免受伤害或不良因素的影响，以使他们正常地生长发育，也包括采取积极有效的保健措施，促进婴幼儿身体形态、结构与技能的发展和完善。例如 7—12 个月婴儿要继续母乳或配方奶粉喂养并及时添加辅食，培养幼儿学习盥洗、如厕、穿脱衣服等生活习惯，这些都属于身体保育的内容。

心理保育即心理保健，是指成人对婴幼儿心理的保护及心理能力的增进。它既包括对婴幼儿的心理加以呵护和关心，使其免受伤害或不良因素的影响，以使他们正常地发育和发展，也包括积极地应对婴幼儿面临的问题，采取适宜的方式与方法加以引导与培育，增强婴幼儿的心理能力。如：当婴幼儿在活动中受到挫折而伤心或退缩时，托幼教师应表现出对婴幼儿的理解和关爱，使婴幼儿感受到温暖，保护婴幼儿的心理不受伤害。不仅如此，托幼教师还应该引导婴幼儿调整情绪，让婴幼儿学习逐渐从不良情绪中解脱出来，进而愉快地投入新的活动，这便是对婴幼儿心理能力的培育，也是一种积极的心理保育。

二、婴幼儿的生长发育

知识拓展：幼儿期的年龄特征

婴幼儿的生长发育是一个复杂的过程，婴幼儿个体的生长既有自身的特殊性，又有共同的规律性。

生长是指身体各个组织器官以及全身的大小、长短和重量的增加与变化，是机体在量的方面的变化，是能够观测到的。

发育是指细胞、组织、器官和系统功能的成熟与完善，是机体在质的方面的变化。

可见，生长和发育不是相同的过程，也不是相互独立的过程，它们相互依存，密不可分，包含了机体质和量两方面发育过程的动态变化。

成熟是指机体的生长与发育达到一种完备的状态。

婴幼儿的生长发育包括以下一般规律。

(一)生长发育既有连续性又有阶段性

人体的生长发育是一个连续的、统一的和完整的过程，在这一过程中有量的变化，也有质的变化，因而形成了不同的发展阶段。阶段性是指婴幼儿生长发育的每一个阶段都不同，有其独特性。根据这些特点和生活环境的不同，将婴幼儿个体的生长发育过程人为地划分为若干个年龄时期，以利于针对不同年龄时期的身心特点，进行合理和及时的保健指导。

新生儿期：出生至 28 天。这一时期的婴儿脱离母体开始独立生活，内外环境发生巨大变化，但其生理调节和适应能力不够成熟，易发生体温上升、体重下降，各种疾病如产伤、窒息、溶血、感染、先天畸形等，不仅发病率高，而且死亡率也高。根据这些特点，新生儿时期的保育工作特别强调护理，如保温、喂养、清洁卫生、消毒隔离等。

婴儿期或乳儿期：28 天—1 周岁。这个时期为婴儿出生后生长发育最迅速的时期，因此需要摄入的热量和营养尤其是蛋白质特别高，如不能满足，易引起营养缺乏。但此时婴儿的消化吸收功能尚不够完善，与其高需求产生矛盾，易发生消化与营养紊乱。所以，提倡母乳喂养和合理的营养指导十分重要。另外，婴儿期抗病能力较弱，易患传染病和感染性疾病，需要有计划地接受预防接种，完成基础免疫程序，并重视卫生习惯的培养和注意消毒隔离。

幼儿前期：1—3 岁，亦称托育机构年龄期。这个时期幼儿的生长发育速度较前一时期有所减慢，但其活动范围逐渐扩大，语言和思维能力增强，接触周围事物增多，但识别危险的能力尚不足且自身免疫力仍较低，故应注意防止意外创伤和传染病的发生。此外，幼儿的饮食已从乳汁转换为饭菜，逐渐过渡到成人饮食，故需要注意防止营养缺乏和消化功能紊乱。

幼儿期或学龄前期：3—6岁，亦称幼儿园年龄期。这个时期幼儿的体格发育速度减慢，达到稳步增长，而智能发育更趋完善，求知欲强，能完成较复杂的动作，语言和思维能力进一步发展。托幼教师应根据这个时期幼儿具有高度可塑性的特点，从小培养幼儿良好的道德品质，教育幼儿养成良好的卫生、学习和劳动习惯，为入小学做好准备。另外，学龄前期幼儿防病能力有所增强，但因接触面广仍可发生传染病；因幼儿喜欢模仿而又缺乏经验，易发生意外事故。托幼教师应根据这些特点，做好预防保育工作。

上述每一个阶段都有独特的、区别于其他阶段的特点，但是前后阶段又相互衔接，各相邻年龄时期之间并没有明显的界限，前一阶段为后一阶段的发展打下基础，任何一个阶段的发育受到阻碍都会对下一阶段的发育产生不良的影响，从而使个体的发育延迟。总之，各个年龄时期按顺序衔接，不能逾越。因此，婴幼儿的生长发育是一个具有阶段性和连续性的过程。

(二)生长发育是波浪式前进的

婴幼儿生长发育的速度并不是直线上升的，而是呈波浪式的、不等速的、快慢交替的发展状态。在人体的整个生长发育期间，全身和大多数器官、系统有两次生长突增高峰，第一次是婴儿期，第二次是青春发育初期，而且女孩比男孩大约早两年出现。

在生长发育的过程中，身体各部分的发育比例是不同的。尤其是头部、躯干、四肢发育的比例及增长速度是不一样的。例如，从婴儿时一个较大的头颅、较长的躯干和短小的双腿，发育到成人时较小的头颅、较短的上身和较长的双腿过程中，其中，头颅增长了1倍，躯干增长了2倍，上肢增长了3倍，下肢增长了4倍。

(三)身体各系统的发育是不均衡的，但又是统一协调的

婴幼儿身体各系统的发育是不均衡的，比如，神经系统领先发育，淋巴系统发育最快，生殖系统发育较晚。

婴幼儿身体的不同器官或系统的发育不是同时进行，但却是协调的，各系统的生长发育并不是孤立进行的，而是相互影响的，比如适宜的体育锻炼，不但能够促进运动系统的发育，而且能促进呼吸系统、神经系统的发育。

(四)生长发育具有个体差异性

虽然婴幼儿的生长发育有着一般的规律性，但由于每个孩子的遗传因素以及先天、后天环境条件的差异，个体发育无论是身体的形态还是机体的功能都存在着明显的个体差异。即便是在同性别、同年龄的群体中，每个孩子的体型(高矮胖瘦)、生理功能(强弱)和心理特点(智力高低)也是各不相同的，

没有两个幼儿的发育水平和发育过程完全一样，即使在一对同卵双生子之间也存在微小的差别。

三、婴幼儿保育工作的意义

（一）良好的保育工作能促进婴幼儿身心健康发展

《幼儿园工作规程》规定：幼儿园必须切实做好幼儿生理和心理卫生保健工作。幼儿园应当严格执行《托儿所幼儿园卫生保健管理办法》（以下简称《管理办法》）以及其他有关卫生保健的法规、规章和制度。

《幼儿园管理条例》提出，幼儿园应当保障幼儿的身体健康，培养幼儿的良好生活、卫生习惯。因此，作为托幼机构的工作人员，在保育工作中，必须掌握幼儿生理、心理特点，增强他们的体质，帮助他们养成健康、安全生活所必需的行为习惯和正确的态度，促进幼儿身体健康发展。

（二）保育工作是托幼机构的重要工作内容

《幼儿园工作规程》共有十一章六十六条，其中大部分与幼儿保育工作有关。总则共七条，几乎每条都提到了保育工作，如“幼儿园是对 3 周岁以上学龄前幼儿实施保育和教育的机构”，幼儿园要“按照保育与教育相结合的原则”“提高保育和教育质量”。而第四章则专门论述了幼儿园的卫生保健，并对保育的内容做了详细的规定。这些提法，说明保育工作的重要性。保护幼儿生命，促进幼儿健康，始终是学前教育机构的首要任务，因此保育工作在学前教育工作中占据重要位置。

（三）良好的保育工作能促进家长与托幼机构的协作，保持教养态度一致

坚持保育工作的一致性在保育工作中是非常重要的。当前，随着国家三孩生育政策的开放和社会物质条件的改善与提高，不少家长对子女的期望也越来越高，再加上隔代抚养情况的增多，一些家长对孩子保育、教育的不适度，会影响婴幼儿的健康成长。托幼教师在做好保育工作的同时，有责任向家长传授婴幼儿保育的基本知识。只有当托幼机构、家庭等各方面的因素协同起来，保持教养态度的一致性，才能使婴幼儿健康成长。托幼机构可以为家长提供良好的保育指导，将先进的保育经验传授给家长，帮助家长掌握和实施科学的保育方法和保育措施，无论是在园中还是在家中，婴幼儿都能在统一的保教要求下发展，从而使家庭从被动保育中走出来，走向主动保育。同时托幼机构也可以通过和家长沟通，了解和研究家长在家庭保育方面的成功做法、成功经验，不仅能丰富自己的保育工作，而且可在家长会上进行推广。这样协调一致开展的保育工作有利于促进婴幼儿的健康成长。

想一想

谈一谈婴幼儿保育工作的意义。

四、婴幼儿保育工作的基本要求

托幼机构保育工作的主要目标是保证婴幼儿安全、照顾好婴幼儿的生活、促进婴幼儿身体正常发育、增强婴幼儿的体质、培养婴幼儿良好的生活卫生习惯等，它的基本要求是合理安排婴幼儿的一日生活，提供合理的饮食，培养婴幼儿良好的生活卫生习惯，积极开展体育锻炼，增强婴幼儿体质，完善各项保育制度等。

（一）合理安排婴幼儿一日生活

合理的生活作息制度和有序的生活节奏，是保证婴幼儿身心健康发展的重要因素。《幼儿园工作规程》第十八条明确规定："幼儿园应当制定合理的幼儿一日生活作息制度。"第二十六条规定："幼儿一日活动的组织应当动静交替，注重幼儿的直接感知、实际操作和亲身体验，保证幼儿愉快的、有益的自由活动。"

2012年卫生部颁发的《托儿所幼儿园卫生保健工作规范》在生活制度中，对婴幼儿一日生活活动时间进行了分配，并供幼儿园参考。各类幼儿园都应当因地制宜、因时制宜，按照法规要求，酌情安排好婴幼儿的一日生活。

（二）做好疾病防治工作，培养婴幼儿良好的生活卫生习惯

做好疾病防治工作，培养婴幼儿良好的生活卫生习惯，贯彻"预防为主"的方针，是保证婴幼儿身体健康、减少疾病发生的重要措施。特别是婴幼儿器官柔嫩，抵抗力差，机体正在发展中，刚由家庭转到幼儿园集体中，与外界接触多了，增加了感染疾病的可能性。因此，在防治疾病方面，托幼机构要注重以下几个方面。

1. 定期对婴幼儿进行健康检查

建立健康检查制度，是了解婴幼儿生长发育状况，及时防病治病，保障婴幼儿健康的重要措施。《幼儿园工作规程》指出：幼儿园应当建立幼儿健康检查制度和幼儿健康卡或档案。每年体检一次，每半年测身高、视力一次，每季度量体重一次：注意幼儿口腔卫生，保护幼儿视力。幼儿园对幼儿身体健康发展状况定期进行分析、评价，及时向家长反馈结果。

在实践中，各幼儿园形成了行之有效的健康检查制度，幼儿园基本都形成了"坚持晨检及全日健康观察制度"，做到"一摸：是否发烧；二看：咽部、皮肤和精神；三问：饮食、睡眠、大小便情况；四查：有无携带不安全物品；

发现问题及时处理”。

2. 建立并严格执行有关的卫生保健制度

预防疾病，关键是提高婴幼儿的身体素质，加强体育锻炼，增强婴幼儿体质，提高婴幼儿对疾病的抵抗能力。比如：搞好环境卫生、个人卫生，做好消毒工作。对婴幼儿卫生也应按规定勤加照料，日常生活用品、专人用品，定时清洗消毒，特别要指导婴幼儿讲究卫生，养成良好的生活、卫生习惯，逐步培养婴幼儿生活自理的能力，增强对疾病的抵抗能力。

(三)建立安全防护和检查制度，增强婴幼儿自我保护意识

婴幼儿年龄较小，缺乏安全知识和自我防护能力，重视婴幼儿安全，加强安全保护教育，制定安全保护和检查制度，是托幼机构保育工作的重要组成部分，是国家对托幼机构的基本要求。

《幼儿园工作规程》第十二条规定：幼儿园应当严格执行国家和地方幼儿园安全管理的相关规定，建立健全门卫、房屋、设备、消防、交通、食品、药物、幼儿接送交接、活动组织和幼儿就寝值守等安全防护和检查制度，建立安全责任制和应急预案。第十五条提出，幼儿园应当把安全教育融入一日生活，并定期组织开展多种形式的安全教育和事故预防演练。

在实践中，各托幼机构形成了安全检查制度：例如，加强婴幼儿的安全教育，增强婴幼儿自我保护意识，提高婴幼儿自我保护能力；把好晨间检查关，教育婴幼儿不带危险品进幼儿园；加强护导，做好早来园及晚离园婴幼儿的管理工作，不让婴幼儿私自离园，陌生人不得接走婴幼儿；凡是婴幼儿经过的地方，不乱堆放杂物，保持走道畅通；经常检查运动器械、大型玩具、电源及玻璃窗，发现隐患及时采取措施；教会婴幼儿正确使用玩具、用具，确保婴幼儿在园安全；园内不准成人开汽车、抽烟，以免对婴幼儿造成伤害；等等。

(四)提供合理的饮食，养成良好的进食习惯

科学地安排饮食，是婴幼儿养成良好的进食习惯的保证。

《幼儿园工作规程》第二十一条规定：供给膳食的幼儿园应当为幼儿提供安全卫生的食品，编制营养平衡的幼儿食谱，定期计算和分析幼儿的进食量和营养素摄取量，保证幼儿合理膳食。

托幼机构在为婴幼儿科学安排饮食的同时，要养成婴幼儿良好的进食习惯。比如定时定量进食，使机体有规律地进行消化活动；不挑食、不偏食、少吃零食，使身体得到应有的营养，要细嚼慢咽，以利于消化吸收；要养成文明进食的习惯，正确摆放和使用餐具，不随便抛撒饭菜，不大声说话，不随便离开饭桌，饭后漱口等。

(五)积极开展体育锻炼，增强幼儿体质

开展体育锻炼，促进婴幼儿身体机能的正常发展，是保证婴幼儿各方面健康发展的前提。

《幼儿园工作规程》第五条进一步把“促进幼儿身体正常发育和机能的协调发展，增强体质，促进心理健康，培养良好的生活习惯、卫生习惯和参加体育活动的兴趣”作为主要目标之一。第二十三条规定：幼儿园应当积极开展适合幼儿的体育活动，充分利用日光、空气、水等自然因素以及本地自然环境，有计划地锻炼幼儿肌体，增强身体的适应和抵抗能力。正常情况下，每日户外体育活动不得少于1小时。幼儿园在开展体育活动时，应当对体弱或有残疾的幼儿予以特殊照顾。

铸魂育人

树立新的健康观念

保育员要建立新的健康观念。保育工作的重点应放在婴幼儿健康上，世界卫生组织赋予健康新的含义：“健康是身体、心理和社会适应的健全状态，而不仅是没有疾病或虚弱现象。”也就是说保育员要把传统的“身体健康保健”的理念转变成“生理、心理、社会适应健康保健”。根据新的健康理念，保育员既要保证婴幼儿的身体健康成长，又要促进婴幼儿心理健康和社会适应能力的良好发展。

单元练习

一、单选题

1. 幼儿园要定期对幼儿进行健康检查，(　　)检查一次身高。

A. 一个月　　B. 三个月　　C. 半年　　D. 一年

2. 正常情况下，每日户外体育活动不得少于(　　)小时。

A. 1　　B. 1.5　　C. 2　　D. 3

二、多选题

1. 幼儿园基本都形成了“坚持晨检及全日健康观察制度”，做到(　　)。

A. 一摸：是否发烧

B. 二看：咽部、皮肤和精神

C. 三问：饮食、睡眠、大小便情况

D. 四查：有无携带不安全物品

2. 安全检查制度包括(　　)。

A. 把好晨间检查关，教育婴幼儿不带危险品进幼儿园

B. 加强护导，做好早来园及晚离园婴幼儿的管理工作，不让婴幼儿私自离园，陌生人不得接走婴幼儿

C. 凡是婴幼儿经过的地方，不乱堆放杂物，保持走道畅通

D. 经常检查运动器械、大型玩具、电源及玻璃窗，发现隐患及时采取措施

三、判断题

1. 幼儿园要实行保育和教育相结合的原则，提高保育和教育的质量。（　　）

2. 婴幼儿保育主要是指身体保育。（　　）

课后练习答案

第二课　托幼机构概述

托幼机构包括针对 0—3 岁的托育机构和针对 3—6 岁的幼儿园，现在很多专家提出托幼一体化教育。随着 2019 年《关于促进 3 岁以下婴幼儿照护服务发展的指导意见》的印发，婴幼儿托育行业迎来有序发展时期。未来通过人才培养、政策支持、标准制定、监管落实，婴幼儿托育行业规模将进一步扩大。

一、托幼机构的概念

托幼机构主要是指托育机构、幼儿园。托幼机构是用于专门照顾和培养婴幼儿生活能力的地方，也指公共场所中因父母不在而由受过训练的服务人员临时照顾孩子们的房间或地方。

二、托幼机构的类型

托育机构是将 0—3 岁婴幼儿以小团体机构式的集体科学养育模式，作为给家长提供代为收托养育宝宝的服务，经有关部门登记、卫生健康部门备案，为 3 岁以下婴幼儿提供全日托、半日托、计时托、临时托等托育服务的机构。

社会上还有一种是早教机构。早教机构不属于严格意义的托幼机构。早教机构主要是面向 0—3 岁孩子，对其家长及看护人员提供科学育儿指导、咨询，并提供婴幼儿教养活动场所的机构。而托幼机构主要是实施以婴幼儿保育为主、教养融合的婴幼儿照护的全日制、半日制、计时制机构。

2019 年 5 月，国务院办公厅印发《关于促进 3 岁以下婴幼儿照护服务发展的指导意见》，支持在工作场所为职工提供福利性婴幼儿照护服务。

想一想

我国 0—3 岁婴幼儿托育机构的现状如何？

幼儿园，原称勘儿园，旧称蒙养园、幼稚园，为一种学前教育机构，用于对幼儿集中进行保育和教育，通常接纳 3—6 周岁的幼儿。幼儿园的任务为解除家庭在培养儿童时所受时间、空间、环境的制约，让幼儿的身体、智力和心理得以健康发展。

幼儿园以游戏为主要活动，逐步进行有组织的作业，如语言、手工、音乐等，并注重养成良好生活习惯。各国对幼儿园的定义中明确游戏是幼儿园里幼儿教育与生活的最主要内容。如英语将幼儿园解释为用玩具、游戏等方式教学及发展幼儿智力的学校，德语解释为尚未进学校的游戏学校。

三、托幼机构的卫生保健工作要求

2012 年，卫生部印发《托儿所幼儿园卫生保健工作规范》(以下简称《规范》)，明确托幼机构的卫生保健工作职责包括：

1. 按照《管理办法》要求，设立保健室或卫生室，其设置应当符合本《规范》保健室设置基本要求。根据接收儿童数量配备符合相关资质的卫生保健人员。

2. 新设立的托幼机构，应当按照本《规范》卫生评价的要求进行设计和建设，招生前应当取得县级以上卫生行政部门指定的医疗卫生机构出具的符合本《规范》的卫生评价报告。

3. 制订适合本园(所)的卫生保健工作制度和年度工作计划，定期检查各项卫生保健制度的落实情况。

4. 严格执行工作人员和儿童入园(所)及定期健康检查制度。坚持晨午检及全日健康观察工作，卫生保健人员应当深入各班巡视。做好儿童转园(所)健康管理工作。定期开展儿童生长发育监测和五官保健，将儿童体检结果及时反馈给家长。

5. 加强园(所)的传染病预防控制工作。做好入园(所)儿童预防接种证的查验，配合有关部门按时完成各项预防接种工作。建立儿童传染病预防控制制度，做好晨午检，儿童缺勤要追查，因病缺勤要登记。明确传染病疫情报告人，发现传染病病人或疑似传染病人要早报告、早治疗，相关班级要重点消毒管理。做好园(所)内环境卫生、各项日常卫生和消毒工作。

6. 加强园(所)的伤害预防控制工作，建立因伤害缺勤登记报告制度，及时发现安全隐患，做好园(所)内伤害干预和评估工作。

7. 根据各年龄段儿童的生理、心理特点，在卫生保健人员参与下制订合理的一日生活制度和体格锻炼计划，开展适合儿童年龄特点的保育工作和体格锻炼。

8. 严格执行食品安全工作要求，配备食堂从业、管理人员和食品安全监管人员，制订各岗位工作职责，上岗前应当参加食品安全法律法规和儿童营养等专业知识培训。做好儿童的膳食管理工作，为儿童提供符合营养要求的平衡膳食。

9. 卫生保健人员应当按时参加妇幼保健机构召开的工作例会，并接受相关业务培训与指导；定期对托幼机构内工作人员进行卫生保健知识的培训；积极开展传染病、常见病防治的健康教育，负责消毒隔离工作的检查指导，做好疾病的预防与管理。

10. 根据工作要求，完成各项卫生保健工作记录的填写，作好各种统计分析，并将数据按要求及时上报辖区内妇幼保健机构。

单元练习

一、单选题

1. 新设立的托幼机构，应当按照本《规范》卫生评价的要求进行设计和建设，招生前应当取得(　　)指定的医疗卫生机构出具的符合本《规范》的卫生评价报告。

A. 县级以上卫生行政部门　　B. 县级行政部门

C. 市级以上卫生行政部门　　D. 教育行政部门

2. 托幼机构要严格执行工作人员和儿童入园(所)及定期健康检查制度。坚持(　　)及全日健康观察工作，卫生保健人员应当深入各班巡视。

A. 晨检　　B. 晨午检　　C. 午检　　D. 晚检

二、多选题

1. 托幼机构包括(　　)和(　　)。

A. 幼儿园　　B. 托育机构　　C. 早教机构　　D. 胎儿学校

2. 幼儿园应当严格执行食品安全工作要求，配备(　　)、(　　)和(　　)，制订各岗位工作职责，上岗前应当参加食品安全法律法规和儿童营养等专业知识培训。

A. 食堂从业　　B. 管理人员

C. 食品安全监管人员　　D. 配餐人员

三、判断题

1. 幼儿园卫生保健人员应当按时参加妇幼保健机构召开的工作例会。(　　)

2. 幼儿园应当明确传染病疫情报告人，发现传染病病人或疑似传染病病

课后练习答案

人要早报告、早治疗，相关班级要重点消毒管理。（　　）

思考与练习答案

一、基础练习

简述婴幼儿保育工作的职责。

二、实践练习

请尝试设计一个幼儿园中班一日保育工作流程。

单元测试题

幼儿园教师资格考试模拟测试题

单元二 托幼机构的构成与管理

学习目标

1. 了解组织机构设置的依据，以及其基本模式。
2. 理解托幼机构人员配置的依据和基本内容。
3. 掌握托幼机构管理的内容和基本原则。

单元导读

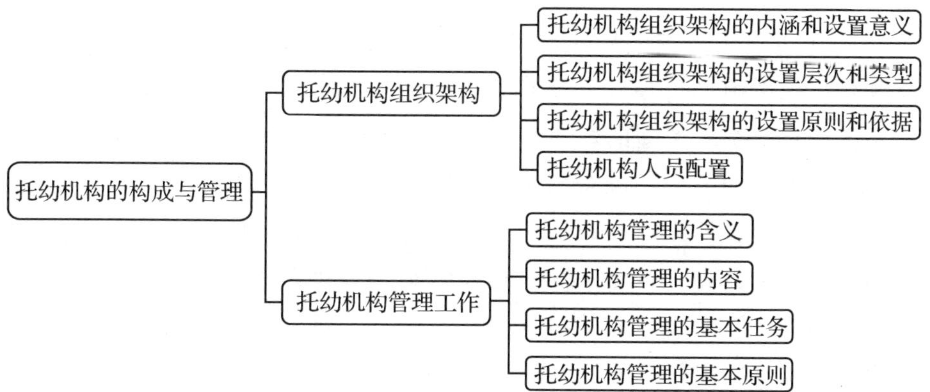

你了解托幼机构里都有哪些工作人员吗？为什么要有不同的工作人员呢？他们的日常工作是什么呢？如何更好地组织大家齐心协力地经营好一所托幼机构呢？如果你想成为一名园长或一位管理者，组织机构不应该成为一个陌生的词语，了解托幼机构的组织架构，你会有更多精彩的想法！

典型案例

梦娜是一名学前教育专业的大一学生，在老师的带领下，她进入幼儿园进行专业认知。第一次走进幼儿园，梦娜发现幼儿园跟她以为的幼儿园很不一样，幼儿园里不但有老师、孩子，而且有园长、副园长、教研组长、厨师、门卫等，大家各司其职，保障幼儿园的顺利运转。一所托幼机构能够井然有序地运行，能够自如地应对各种突发情况，离不开所有人的各司其职。其中都有哪些人？做什么？怎么做？相信你能从本单元的学习中找到属于自己的答案。

第一课　托幼机构组织架构

托幼机构的工作头绪多而杂，要想保证这些工作井然有序地进行，没有严密的组织和细致的分工是不行的。园长必须通过建立健全合理的组织架构，把全体员工安排到合适的岗位上，以便通过各级组织，层层落实组织管理工作，以最有效地发挥全体员工的能力，使他们相互配合，协调一致地完成托幼机构的工作任务。

托幼机构组织架构的设置就是通过建立适宜的机构，确定领导关系和职责权限分工，将托幼机构所拥有的人力、物力等资源组织起来，较好地实现托幼机构的工作目标。

一、托幼机构组织架构的内涵和设置意义

(一)托幼机构组织架构的内涵

托幼机构组织架构是托幼机构为实现教育幼儿和服务家长的双重目标，依据学前教育及组织管理的规律和相关的政策法规，对托幼机构的人力资源按照一定的形式和结构加以合理整合，所构建的部门、岗位和人员的结构系统。它既指人们在幼儿园共同目标下结合起来的社会实体单位，又指为实现这一目标任务进行分工合作、实施管理职能的一种管理机制。托幼机构的机构设置就是为了有效实现托幼机构的目标任务，划分部门岗位，明确分工职责，确立不同部门岗位之间的关系，构建托幼机构系统组织架构的过程。

(二)托幼机构组织架构的设置意义

组织工作是托幼机构管理的一项重要职能。管理是相对于组织而言的，没有组织就没有管理。美国当代管理学家彼得·德鲁克曾说，没有机构就没有管理，但没有管理也就没有机构。托幼机构组织架构设置的意义具体表现在以下几个方面。

1. 教育活动的载体和管理活动的工具

托幼机构组织架构是托幼机构教育活动的载体，同时也是发挥托幼机构管理职能和实现管理目标的工具。没有托幼机构组织架构，托幼机构的保育教育及管理活动将无所依托、无从谈起。托幼机构管理的基础性和前提性工作就是建立合理的托幼机构组织架构，并通过它来开展各项托幼机构的教育和管理活动。

2. 合理组织和利用管理资源

建立科学合理的托幼机构组织架构，可以将托幼机构的人、财、物等管

理要素合理地加以组织和利用，从而高效地完成教育幼儿和服务家长的双重任务，有效地实现托幼机构的工作目标。托幼机构组织架构不健全、结构不合理将会影响资源有效充分的利用。

3. 放大托幼机构组织功能

合理的托幼机构组织架构是一个内外各要素高度整合的有机体，它有高度的内外协调性。一方面，通过合理的托幼机构组织架构与规范来协调全体教职工的意志和行为、统一目标、步调一致、实现最佳合力；另一方面，通过托幼机构各部门和岗位人员的信息沟通和相互协调，托幼机构的各项活动更加符合规律性，更加科学而有效。当以上两个方面同时发挥作用时，便会出现复合叠加现象，产生聚合放大作用，从而放大了托幼机构组织的功能。

二、托幼机构组织架构的设置层次和类型

(一)托幼机构的组织层次

托幼机构的组织一般分为以下三个层次。

1. 决策指挥层

决策指挥层是指园长和副园长。园长对托幼机构工作全面负责，是托幼机构的最高行政管理者、指挥者。园长负责对托幼机构的发展方向、办园特色等重大问题的决策。

2. 执行管理层

其职责是布置和执行决策，将决策转化为可操作性的行动。如保教主任、总务主任，他们就是将已做出的决策分别布置下去，使决策成为行动。执行管理层是连接园长与基层人员的纽带，既要接受园长的指挥领导，同时又要负责本部门教职工的管理。执行管理层要善于将决策布置给教职工，调动教职工工作的积极性。

3. 具体工作层

具体工作层包括各班组、班级的工作人员，负责各类具体工作的其他人员。这个层次的主要职责是动手操作，属于操作层。具体工作层是托幼机构的主体层，占组织的绝大部分，是非常重要的层次。任何好的决策，总是离不开具体操作，没有操作和行为，就只能是纸上谈兵，不能转化为现实。

托幼机构组织的三个层次都十分重要，缺一不可。各层次之间既要有分工又要有合作，才能上下管理层次分明，权责相应，各司其职，各负其责。下级部门要领会上级部门的意图，听从上级部门的指挥，上级领导要组织好下一层次的人力、物力完成本部门任务，同时，各平行部门之间也要协调配合。

(二)托幼机构的组织架构类型

一般来说，托幼机构的组织架构由行政组织和非行政组织构成。

1. 行政组织

行政组织是指以园长为核心的行政组织体系。园长是托幼机构的最高行政领导，园长主持园务委员会和教职工代表大会，对托幼机构的重大问题进行决策，是托幼机构的决策层；规模较大的托幼机构还会设1—2个副园长，辅助园长的工作。园长之下根据托幼机构的情况一般会设有保教主任、后勤主任等中层岗位，其职责是贯彻执行托幼机构的各项决策，研究决定本部门的工作，负责各自岗位的管理工作，属于执行层。班级或班组等职能部门是托幼机构的基层工作单位，主要职责是在园长、保教主任及相应管理部门的领导和管理下，承担保教婴幼儿的责任和其他具体工作职责，在托幼机构组织架构中属于操作层。这样，就由决策层、执行层、操作层构成了完整的托幼机构行政组织体系。

2. 非行政组织

非行政组织指托幼机构的党群组织，主要包括托幼机构基层党组织(党支部)、共青团组织、工会等。党支部负责保障监督托幼机构的办园方向，对广大教职工进行思想政治教育工作，教育党员发挥先锋模范作用，团结教职员工努力完成各项任务；团组织、工会等群众组织通过各项活动发挥其对托幼机构党政工作的辅助作用，比如，组织青年突击队，开展文娱体育活动，组织政治学习或业务学习活动，搞好生活福利工作等。总之，非行政组织在托幼机构管理中起保障、监督、辅助的作用，是托幼机构组织架构不可或缺的组成部分。托幼机构中幼儿园常见的组织架构如图2-1—图2-6。

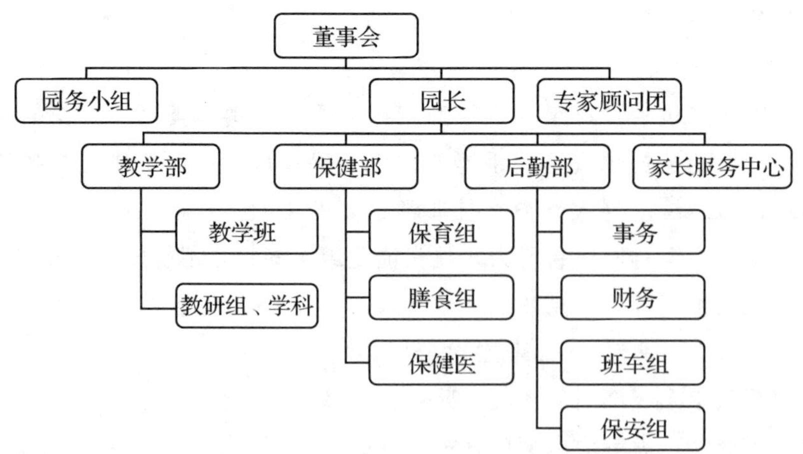

图2-1 幼儿园组织架构图一

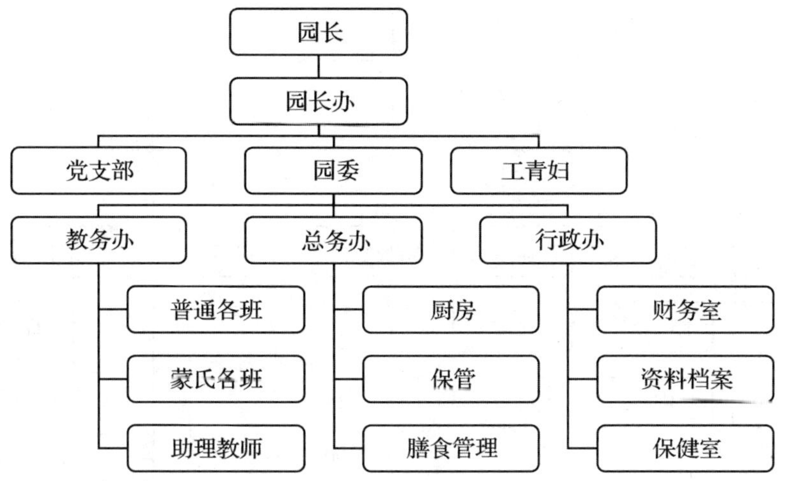

图 2-2　幼儿园组织架构图二

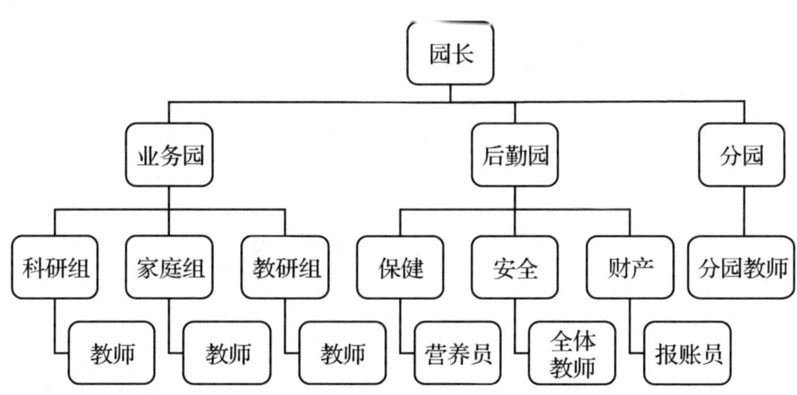

图 2-3　幼儿园组织架构图三

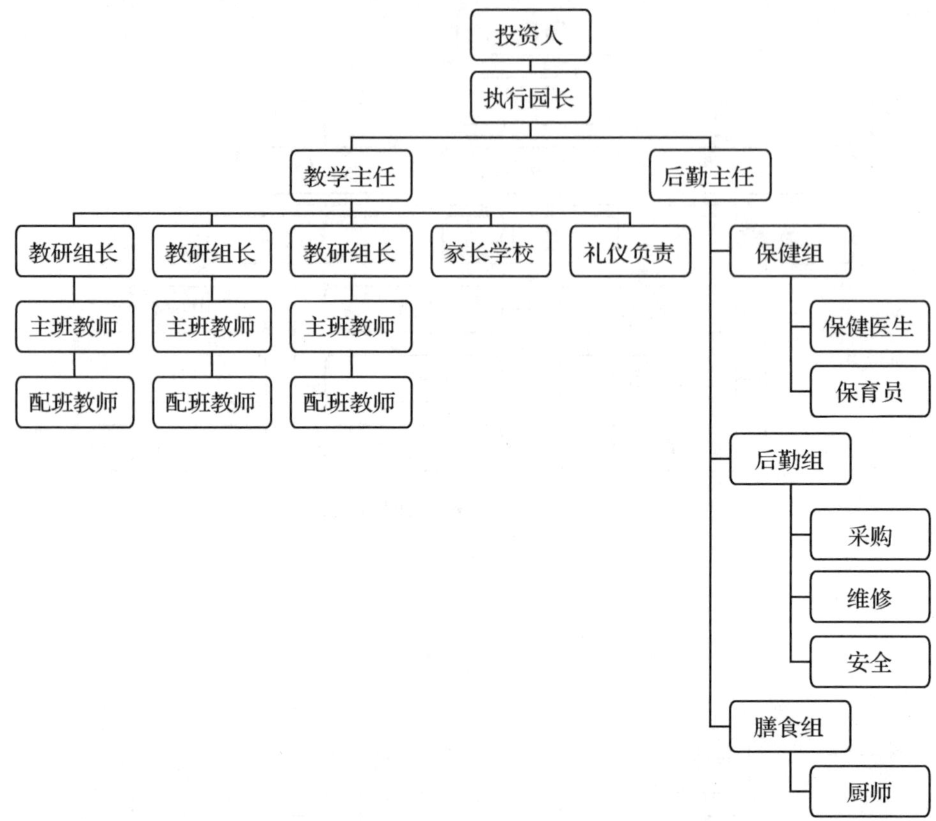

图 2-4　幼儿园组织架构图四

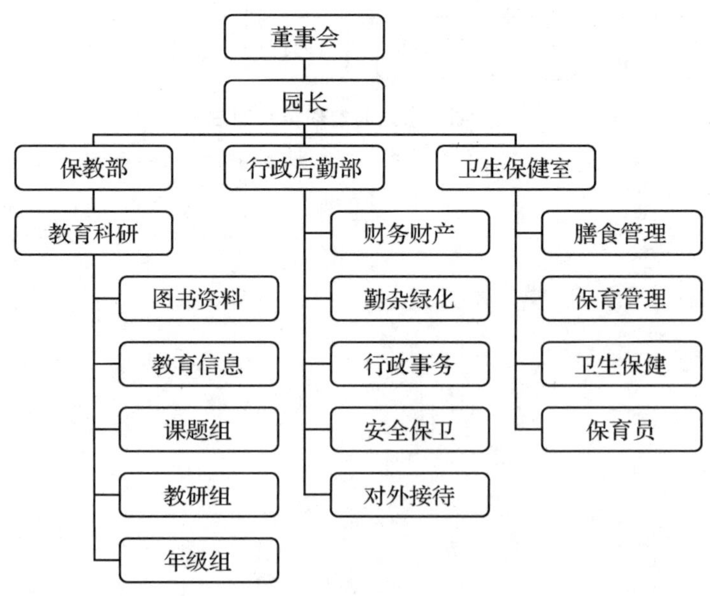

图 2-5　幼儿园组织架构图五

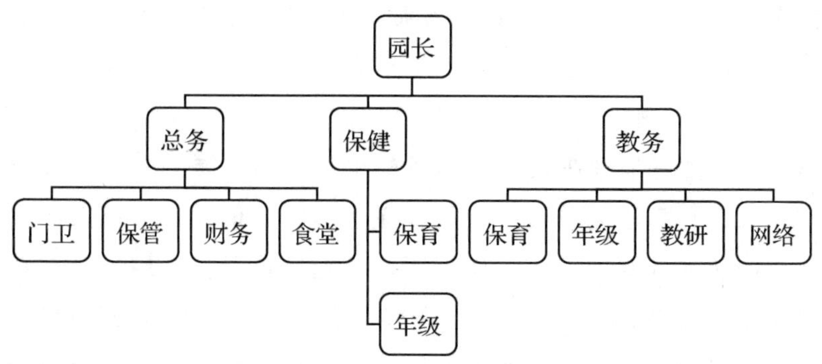

图 2-6　幼儿园组织架构图六

行政组织和非行政组织相辅相成，缺一不可，两者相互配合，才能共同做好托幼机构的管理工作。

上述只是托幼机构组织架构的一般情况，在托幼机构管理实践中由于实际情况的不同，托幼机构组织架构的构成是多样化的，并没有统一的托幼机构组织架构模式。不同类型、不同规模的托幼机构，在机构设置、职能部门划分及人员配备上有所不同。托幼机构管理者在设置组织架构时，要根据托幼机构实际情况灵活把握。

三、托幼机构组织架构的设置原则和依据

托幼机构组织架构的设置是一项专业性较强的工作，做好托幼机构组织架构的设置工作，既要遵循组织架构设计的基本原则，又要依据上级有关规定和本园实际。

(一)组织架构的设置原则

1. 目标任务原则

托幼机构组织架构的设置就是为了有效实现托幼机构的双重目标任务。因此，在进行组织架构设置的过程中，首先要考虑托幼机构实现目标任务的要求。托幼机构管理者要明确组织的总目标和总任务，以及不同层次、不同阶段的具体目标和任务。围绕目标实现，因地制宜地开展组织架构设置工作。

2. 分工协作原则

分工与协作为一件事的两个侧面，是不可分割的。分工是为了明确责任，达到协作的目的；协作是为了各岗位人员协同配合，取得效果。托幼机构有管理、保教、后勤、卫生等多项工作，每个部门和班组内部也有多种不同的工作，合理的分工会提高各岗位的工作效率；然而，各岗位工作之间又存在着密切的联系，只有各岗位人员相互协调配合，步调一致，才能更好地实现托幼机构的各项目标。因此，在重视岗位分工的同时，还需要关注不同部门和岗位

之间的协作。比如，托幼机构班级的教师和保育员，虽然他们各自有各自的职责，但是只有相互配合才有可能搞好班级工作。

3. 责权一致原则

责权一致原则就是指在设置托幼机构组织架构时要坚持责任和权力相一致的基本要求。有责任无权力，责任将无法履行；责任大，权力小，将无法很好地履行责任；有权力，而责任不明，可能导致职权滥用。只有责权一致才有可能保证岗位职责的有效履行。所以，责权关系是组织架构设置的重点，也是发挥组织职能的关键。设置组织架构要使组织中各部门、岗位和成员知道自己要完成的任务和要做的事情，做到职责清楚，责任分明。同时组织还应赋予各部门、各岗位相应的权力和利益，做到在一定的职务或岗位上，有一定的权力，负一定的责任，并得到一定的利益，这样才能真正做到职责和权力的有机统一，把责任真正落到实处。

4. 合理结构原则

托幼机构组织架构设置需要关注结构的合理性。需要建立适宜的结构体系，比如跨度适当、层次合理，各部分有机联系才能高效地发挥领导和管理职能，提高管理效率。合理的托幼机构组织架构没有固定的模式，需要根据国家有关政策和托幼机构的实际情况灵活把握。

5. 统一指挥原则

托幼机构管理工作的顺利开展，需要建立良好的指挥系统。托幼机构应当只有一个行政指挥中心，即园长和以园长为首的园务委员会，每个下属部门或人员只有一个直接上级领导，只接受一个上级领导的指挥，避免“多头领导、政出多门”的情况。

 拓展阅读

上级文件的执行流程

一般上级文件的执行流程大致如下：

首先，办公室秘书通过公文系统接收公文，打印并请园领导批示。根据园领导批示，办公室秘书将公文复印后递交相关负责部门和人员，如保教主任。其次，以保教部为例。保教主任联合教科室等相关工作人员，进一步细化工作方案，并下发通知至托班、小班、中班、大班各个年龄段。最后，各年龄段副主任、教研组长根据实际情况组织班主任会议，班主任将会议内容及精神传达至班内其他教师，由班内教师具体分工、执行并在规定时间内按原途径反馈至上级管理部门。

(二)组织架构的设置依据

托幼机构组织架构设置除了要遵循一些基本原则以外，还需要依据上级的有关规定和托幼机构的实际情况做调整。

1. 依据上级的有关规定

为了规范托幼机构的管理，国家和地方教育部门及有关行政部门出台了相关的规定，提出了不同类型托幼机构组织架构设置的基本要求。

例如，《托育机构保育指导大纲(试行)》《幼儿园管理条例》《幼儿园工作规程》《幼儿园教职工配备标准(暂行)》等法规文件，就对托幼机构的基本条件、审批程序、招生、教职工配备等方面做了规定。托幼机构组织架构设置必须把握国家和地方教育及相关行政部门有关文件的内容和精神，并将其作为托幼机构组织架构设置的基本依据，根据规定编制托幼机构的组织架构，做到依法办理。由机关、企事业单位、社会团体等主办的托幼机构进行机构设置，还需要遵守主办单位的有关规定。

2. 依据托幼机构的实际情况

托幼机构组织架构设置还要考虑托幼机构的实际情况，在托幼机构人员配备与编制上一般涉及以下因素。

(1)办园条件。由于地域社会条件、地方政策、托幼机构性质、举办者的实力等方面因素的影响，托幼机构的办园条件各不相同，相应地在人员配备、机构设置方面也会有不同。

(2)规模大小。即托幼机构招收婴幼儿的人数及班级数。不同规模托幼机构的组织架构应当有所区别，规模越大组织架构也会越复杂。

(3)服务内容。全日制、半日制和寄宿制托幼机构的人员配备应该有所不同，供应餐点和不供应餐点的托幼机构所需人员也各不相同。

(4)机构类型。不同类型的托幼机构所需人员有所不同，组织架构的设置也会不同。比如，公办园、民办园、私立园，独立设置托幼机构和附属幼儿园，一般幼儿园与示范性或实验性幼儿园等会有区别。

总之，托幼机构的组织架构设置在遵循国家和上级部门的规定的前提下，要从本地和本园的实际情况出发，因地制宜，科学合理地设置，提高管理效率，保证保教质量。

 拓展阅读

幼儿园组织架构的基本模式

幼儿园组织架构的基本模式包括直线式、职能式、矩阵式等。直线式出

现较早，相对简单。高层指挥决策层对基层具体工作层实现直线垂直领导；职能式增设职能机构或相关负责人员，在各自范围内实施管理；矩阵式包括纵向和横向两套管理系统，纵向管理按照职能不同分别管理，横向管理按照具体工作项目实施管理。

知识拓展：学前教育机构教职工编制标准及班额

四、托幼机构人员配置

为了实现托幼机构的持续发展，要根据需求引入高质量人才。怎样才能实现人才优化配置呢？怎样才能实现不同岗位工作人员的相互配合呢？相信通过本部分内容的学习，我们能获得一些启发。

托幼机构工作人员一般包括园长，卫生保健、医务人员，教师，保育员，炊事员，会计人员和安全保卫人员等。

（一）园长

园长通常是托幼机构的法定代表人，在当地主管教育行政部门的领导下，主持、负责托幼机构的全面工作。园长应具有《教师资格条例》规定的教师资格、具备大专及以上学历、有三年以上托幼机构工作经历和一定的组织管理能力，并取得托幼机构园长岗位培训合格证书。园长由举办者任命或者聘任，并报当地的主管教育行政部门备案。

人员配置：

班级数量/个	班级数<6	6≤班级数≤9	10≤班级数
园长数量/位	1	1或2	3

园长工作职责：

1. 认真贯彻执行党和国家的教育方针、政策、法令和法规，在上级教育主管部门的领导下，对托幼机构进行全面管理。

2. 认真执行党的知识分子政策和干部政策，协调好园内外各方面关系，定期向全体教职工和教代会通报工作。

3. 制订和实施托幼机构发展规划和学期学年工作计划，指导、督促、检查规划和计划的执行情况。

4. 主持托幼机构园务会、园长办公会，责成有关处室执行会议决定。

5. 领导和管理保育教育、卫生保健、安全保卫工作。坚持以保教工作为中心，建立健全教育管理体系，做好常规管理，维护正常园所秩序。

6. 领导托幼机构人事和招生工作。建立健全教职工岗位责任制和管理规程，做好教职工的聘任考核、晋升、奖惩和培训工作。做好教职工的思想、德育工作，关心教职工的身心健康，充分调动教职工的积极性和创造性。

7. 领导托幼机构基本建设工作，加强园区科学规划。

8. 严格执行“三重一大”制度，合理使用托幼机构教育经费，保证各项工作的顺利进行。

9. 加强领导班子自身建设和党风廉政建设，贯彻党政同责。

10. 完成上级领导交办的其他工作。

11. 组织和指导家长工作。

12. 负责与社区的联系和合作。

知识拓展：“三重一大”制度

（二）卫生保健、医务人员

托幼机构卫生保健、医务人员对托幼机构婴幼儿身体健康负责。托幼机构医务人员应当取得卫生行政部门颁发的医师执业证书；护士应当取得护士执业证书；保健人员应当具有大专及以上学历，并经过当地妇幼保健机构组织的卫生保健专业知识培训。

人员配置：托幼机构应当按照收托150名儿童至少设1名专职卫生保健人员的比例配备卫生保健人员。收托150名以下儿童的，应当配备专职或者兼职卫生保健人员。

卫生保健、医务人员工作职责：

1. 协助园长制定有关安全、卫生保健方面的规章制度，并监督执行。

2. 负责制订学期卫生保健工作计划，监督和落实计划的实施，按时完成卫生保健、安全、防病治病、营养、预防接种和传染病管理等任务，坚持预防为主，治疗为辅的原则，提高婴幼儿健康水平。

3. 严格执行婴幼儿和工作人员入园体格检查、定期体格检查制度及婴幼儿入托、入园后的定期测量身高、体重制度。坚持婴幼儿生长发育监测制度，发现问题要及时分析研究，及时给予卫生指导。重点加强对小儿肺炎、小儿营养性缺铁性贫血、婴幼儿腹泻等疾病的防治和对贫血、体弱儿童的专案管理。

4. 指导和监督托幼机构环境卫生和安全保卫等工作。按时发放消毒药水，定期检查评比，避免相关事故的发生。

5. 坚持每天晨检巡疗工作，做好婴幼儿常见病的预防治疗和急诊的救护。对患儿要及时正确诊断，迅速转送医院治疗。对传染病要早预防、早发现、早隔离，采取有效措施，防止蔓延扩大。

6. 应参与膳食管理。在业务上指导婴幼儿膳食营养卫生，协助食堂管理员制定每周食谱，做好营养配餐，并作出营养评价，开展膳食营养调查，定期召开伙委会，检查和监督食品卫生、食具消毒以及炊事人员健康卫生情况。

7. 工作认真负责，热情对待婴幼儿和家长，发现患儿随叫随到。对病情较重和发生意外事故的婴幼儿，要陪同处理，杜绝医疗事故。

8. 负责药品器械的保管、登记、使用。保管和使用好保健室、隔离室的财物，诊治和护理好隔离室患儿，认真做好消毒隔离，避免医源性传染。

9. 负责健康教育工作。运用各种形式，宣传卫生科学知识，不断丰富托幼机构工作人员及家长的科学育儿知识和卫生保健知识。

（三）教师

教师主要是对婴幼儿进行启蒙教育，帮助其获得有益的学习经验，促进其身心全面和谐发展。教师在对婴幼儿进行教育过程中的角色不仅是知识的传递者，而且是婴幼儿学习活动的支持者、合作者、引导者。教师对本班工作全面负责。托幼机构教师必须具有《教师资格条例》规定的幼儿园教师资格，实行聘任制。

人员配置：全日制托幼机构每班配备 2 名专任教师和 1 名保育员，或配备 3 名专任教师；半日制托幼机构每班配备 2 名专任教师，有条件的可配备 1 名保育员；寄宿制托幼机构至少应在全日制托幼机构基础上，每班增配 1 名专任教师和 1 名保育员；单班学前教育机构，如村学前教育教学点、婴幼儿班等，一般应配备 2 名专任教师，有条件的可配备 1 名保育员；对所辖社区或村级托幼机构负有管理和指导职责的中心托幼机构，应根据实际工作任务和需要增配巡回指导教师；招收特殊需要儿童的托幼机构，应根据特殊需要儿童的数量、类型及残疾程度，配备相应的特殊教育教师，并增加保教人员的配备数量；托幼机构应根据当地学前教育发展的实际情况，增设教师岗位类别和数量，满足本园发展和保教工作的需要，并确保在教师进修、支教、病产假等情况下有可供临时顶岗的保教人员。

托幼机构教师工作职责：

1. 在主管主任的领导下，依据托幼机构保教工作计划，制订班级学期工作计划并组织实施，及时总结经验、反思不足并调整工作。

2. 严格遵守《新时代幼儿园教师职业行为十项准则》，树立高尚师德，严守师德底线。依据《幼儿园教师专业标准（试行）》和各项规章制度，热爱婴幼儿，热爱婴幼儿教育事业，全力保护婴幼儿生命安全。为人师表，举止文明，仪表整洁。廉洁从教，作风正派。以身作则，做婴幼儿的行为表率。

3. 团结班级人员共同完成各项工作任务，合理分工，密切合作，对班级事务勤沟通、多交流，力求建设一个和谐、正向、阳光、热情的班级团队。

4. 按时召开班级工作会议，就班级环境创设、课程实施、一日生活、户外活动、卫生保健、家长工作等各方面工作进行回顾与反思，及时调整班级工作思路与方法，促进班级保教质量的提升。

5. 做好家长工作，运用托幼机构网络平台、短信平台发布活动信息，同时运用预约谈话、家访、家长会等形式与家长面对面交流、沟通婴幼儿发展和班级工作情况。

6. 组织开展本班婴幼儿活动及亲子活动，对有特殊需要的婴幼儿给予必要的帮助和关注，促进婴幼儿能力的发展。

7. 熟练掌握班级事务性工作流程，如入班、离园、调班、缴费、填报考勤、上交记录等，确保班级工作有序进行。指导班级人员做好班级物品管理，定期清理，按照托幼机构要求登记造册，妥善保管贵重物品。

8. 认真参加各项政治、业务学习和各项教科研活动，积极参加各项教育教学业务评比，努力钻研业务，不断提升自身素养。探索教育方法，提高保教质量。完成领导交办的其他工作任务。

铸魂育人

托幼机构教师的一天：婴幼儿入园前，班级教师分工合作，做好餐前准备和入园准备，此时间段内班级教师还可以根据实际情况讨论问题，答疑解惑，互帮互助；婴幼儿入园后，一切以婴幼儿为主，一位教师和一位保育员按照一日生活流程，自然过渡，逐步推进。另一位教师在婴幼儿早餐结束后，到达教研室参加教研活动或完成上级交代的其他临时性任务。午餐时，参与教研的教师返回班级，保证早餐、午餐班内都有三位教师同时陪护婴幼儿。如遇婴幼儿受伤等突发性事件，班内教师应及时反馈至保健室，必要情况下联系主管主任以进一步妥善处理；婴幼儿离园后，班级教师与家长及时沟通、清洁教室、整理班级物品，并根据自身情况完成个人反思、教案书写、环境创设等阶段性任务。

（四）保育员

保育员是在托幼园所、社会福利及其他保育机构中，从事婴幼儿基本生活照料、保健、自理能力培养和辅助教育工作的人员。托幼机构保育员应当具备高中及以上学历，受过婴幼儿保育专业培训。

保育员工作职责：

1. 按照《幼儿园工作规程》要求，做好本班婴幼儿的生活管理及卫生保健工作，注意培养婴幼儿良好的卫生习惯，配合并协助教师进行教育教学及家长工作，组织好游戏及户外活动，促进婴幼儿身心健康发展。

2. 认真完成本班房舍、设备、环境的清洁卫生工作，并负责婴幼儿用具、玩具的消毒工作。

3. 严格执行卫生保健制度，在医务人员的指导下，做好婴幼儿进餐、体检、预防接种和传染病的消毒等工作，协助教师做好晨、午、晚检工作及安全教育工作，确保婴幼儿健康发育和生命安全。

4. 热爱保育工作，热爱婴幼儿。按婴幼儿的年龄特点采取正确的教育方法，坚持正面教育为主。对婴幼儿态度和蔼，不大声训斥，严禁体罚和变相体罚。

5. 努力钻研业务，不断提高保育水平。以身作则，做婴幼儿的行为表率。

6. 管理保养好本班的公用设施、玩教具和婴幼儿衣物。

想一想

保育员一日工作流程是什么？

(五) 其他工作人员工作职责

1. 炊事员

托幼机构炊事员应身心健康、道德品质好，具有食堂从业人员健康合格证；具有一定的文化基础；具有良好的个人卫生习惯；参加岗位业务培训并取得合格证明。

人员配置：托幼机构应根据餐点提供的实际需要和就餐婴幼儿人数配备适宜的炊事员。每日三餐一点的托幼机构每40—45名婴幼儿配1名专职炊事员；少于三餐一点的托幼机构酌减；在园婴幼儿人数少于40名的供餐托幼机构(班)应配备1名专职炊事员。

炊事员的工作职责包括严格检查把关，做到食物严格验收、检查，生熟分开，确保食品清洁卫生，杜绝食物中毒；爱护公物，节约用水、电、气，保持厨具、设备干净卫生，保证厨具、设备处于良好状态；饭菜保质、保量(不浪费)，做出色鲜、味香、软小精美、符合婴幼儿营养需要的饭菜食品等(见图2-7)。

2. 会计人员

会计负责对一定主体的经济活动进行核算和监督，并向有关方面提供各种记账凭证，处理账务，编制各种有关报表等工作。从事会计工作的人员要在专业素质方面具备一定的条件，持有会计证；具备必要的专业知识和专业技能；按照国家有关规定参加会计业务的培训。

人员配置：各托幼机构应当根据会计业务的需要，设置会计机构，或者在有关机构中设置会计人员并指定会计主管人员；不具备设置条件的，应当委托经批准设立从事会计代理记账业务的中介机构代理记账。

图 2-7 河南省某托幼机构炊事员厨艺大赛参赛作品

3. 安全保卫人员

安全保卫人员即“保安”，主要职责为防火、防盗、保护责任区域内的人身安全。

人员配置：除学生人数较少的托幼机构外，每所托幼机构应当至少有 1 名专职安全保卫人员或者受过专门培训的安全管理人员。有条件的可以以购买服务等方式，将园所安全保卫服务交由专门的保安服务公司负责。

单元练习

一、单选题

1. 托幼机构组织架构设置就是通过建立适宜的(　　)，确定领导关系和职责权限分工，将托幼机构所拥有的人力、物力等组织起来，较好地实现托幼机构的工作目标。

A. 组织　　B. 制度　　C. 团队　　D. 机构

2. 组织工作是托幼机构管理的一项重要(　　)。

A. 权利　　B. 义务　　C. 职能　　D. 流程

3. 根据国家相关规定，全日制幼儿园每班配备(　　)。

A. 2 名专任教师

B. 2 名专任教师和 1 名保育员

C. 1 名专任教师和 1 名保育员

D. 1名专任教师和2名保育员

二、多选题

1. 以下属于组织设立的目的的有(　　)。

A. 有效地进行管理

B. 有效地开展工作

C. 优质高效地实现组织目标

D. 满足组织成员的需要

2. 组织设计的原则包括(　　)。

A. 目标任务原则　　B. 分工协作原则

C. 责权一致原则　　D. 合理结构原则

3. 组织机构一般包括哪些层次?(　　)

A. 决策指挥层　　B. 执行管理层

C. 监督调整层　　D. 具体工作层

4. 托幼机构卫生保健、医务人员应满足以下(　　)条件。

A. 持有医师或护士执业证书

B. 大专毕业以上学历

C. 经过当地妇幼保健机构组织的卫生保健专业知识培训

D. 在卫生机构工作满一年以上

三、判断题

课后练习答案

1. 所有托幼机构组织架构设置的标准、内容都是固定的，不能随意更改。(　　)

2. 一般来说，托幼机构的组织架构由行政组织和非行政组织构成。(　　)

3. 幼儿园园长应具有《教师资格条例》规定的教师资格、具备大专以上学历，取得幼儿园园长岗位培训合格证书即可。(　　)

第二课　托幼机构管理工作

随着我国学前教育事业的快速发展，托幼机构管理者们意识到，要办好托幼机构，仅凭硬件建设和师资的建设是远远不够的，还要从管理的实际情况出发，创造性地运用托幼机构管理的一般规律，协调各种资源和关系，围绕促进婴幼儿身心健康发展和服务家长的工作进行科学管理，才能提升办园质量，促进托幼机构的科学发展。

一、托幼机构管理的含义

托幼机构管理是指托幼机构管理人员遵照国家的教育方针政策，遵循保教工作的客观规律，采用科学的工作方式和管理手段，将人、财、物等各因素合理组织起来，调动各方面的积极性，优质高效地完成国家所规定的婴幼儿培养目标和托幼机构工作任务而进行的各种一般管理职能活动。

二、托幼机构管理的内容

托幼机构管理按照婴幼儿教育的任务内容、工作范围和工作规律主要概括为以下四个方面的内容。

(一)托幼机构行政事务工作管理

托幼机构行政事务工作管理包括托幼机构管理的基本状态和事务工作，即托幼机构的行政组织与管理制度、工作目标与行政计划等管理职能活动，以及托幼机构的环境创设、卫生保健、经费运转等有关总务后勤工作。

(二)托幼机构保教工作管理

托幼机构的保教工作，直接关系到婴幼儿的身心健康发展，是托幼机构的中心工作，保教工作管理包括托幼机构总体的保教管理和班级的保教管理。

(三)托幼机构人事工作管理

人事工作管理关系到托幼机构的发展和质量的提升，是托幼机构内涵建设的主要内容。托幼机构人事工作管理主要是教师队伍建设、管理人员及服务人员素质的提高，管理工作的重点是教师个体的专业成长和托幼机构组织的发展，以及园长及其领导工作。

(四)婴幼儿家长社区工作管理

托幼机构的工作需要婴幼儿家长和社区的协调配合，一方面需要家长和社区的支持；另一方面，要体现托幼机构对家长、社区的服务。托幼机构管理要充分利用婴幼儿家长的资源和所在社区的资源，建立较稳定的共建机制。

三、托幼机构管理的基本任务

托幼机构管理的基本任务包括确定管理目标、建立管理系统、理顺组织关系和创造良好的育人环境。

(一)确定管理目标

管理目标就是通过管理活动期望使托幼机构的各项工作达到什么水平或标准，确定托幼机构的管理目标，应从本机构的实际出发进行科学论证。托幼机构要在明确自己的期望，认清形势，分析自身的优势与劣势的基础上，确定契合实际的发展和建设目标。

(二)建立管理系统

托幼机构从实际情况出发，按照婴幼儿教育的任务内容、工作范围和工作规律，建立管理系统，并使系统中各组成部分既相互独立又相互联系，既相互作用又彼此制约，围绕管理目标，充分发挥人才优势与信息手段的作用，共同完成管理任务。

(三)理顺组织关系

组织机构建立并不等于管理工作的顺利运行，因为各机构岗位人员之间存在着错综复杂的关系，若不理顺这些关系，管理工作就难以开展。管理者要充分发挥领导的职能，建立明确的岗位责任制，使各岗位有明确的分工，提高各层次管理人员的管理水平，维持良好的工作秩序，养成良好的工作习惯，形成良好的工作氛围。

(四)创造良好的育人环境

保证和促进婴幼儿身心健康发展是托幼机构一切工作的出发点和落脚点。托幼机构的管理任务就是要为婴幼儿的健康成长与发展创造良好的条件，为婴幼儿提供良好的生长环境和促进身心发展的机会，在托幼机构一日生活中，最大限度地挖掘婴幼儿的潜能。

四、托幼机构管理的基本原则

托幼机构的管理原则是指实现托幼机构工作目标，正确处理管理过程中一系列矛盾关系或问题的指导原则，是对托幼机构管理系统提出的基本要求。托幼机构的管理原则是对托幼机构管理实践的总结和概括，它全面指导托幼机构管理过程的各个环节、各种管理方式的运用、各项组织制度的建立及各项具体工作的管理活动，保障托幼机构各项工作顺利进行。

(一)方向性原则

方向性原则是托幼机构管理的首要原则。管理活动总是指向一定的目的、目标，托幼机构管理活动也有其特定的方向性。《幼儿园工作规程》明确指出：“幼儿园是对3周岁以上学龄前幼儿实施保育和教育的机构。幼儿园教育是基础教育的重要组成部分，是学校教育制度的基础阶段。幼儿园的任务是：贯彻国家的教育方针，按照保育与教育相结合的原则，遵循幼儿身心发展特点和规律，实施德、智、体、美等方面全面发展的教育，促进幼儿身心和谐发展。幼儿园同时面向幼儿家长提供科学育儿指导。”

铸魂育人

《幼儿园工作规程》体现了我们社会主义国家办教育的目的。因此，托幼机构管理工作必须明确培养目标，坚持正确的办园方向，坚持党的领导，要与社会主义政治、经济以及生产力发展水平要求相适应，要在目的指向上保持一致，加强正确思想引导和促进优良园风建设。

(二)保教结合原则

《幼儿园管理条例》规定："幼儿园应当贯彻保育与教育相结合的原则，创设与幼儿的教育和发展相适应的和谐环境，引导幼儿个性的健康发展。""保"和"教"是婴幼儿教育工作的两个方面。"保"是保护婴幼儿的身心健康。"教"是指托幼机构的教育教学，按照德、智、体、美等的要求，有目的、有计划、有系统地影响婴幼儿身心发展的活动。因此，托幼机构管理要将保育工作和教育工作结合起来，做到保中有教，教中有保。不要偏重保育工作，过度呵护婴幼儿的生活，包办代替；也不要偏重教育工作，只重视给婴幼儿上课，一味地灌输知识，将小学课程下移到托幼机构来，加重婴幼儿学习负担和心理负担。管理人员、保教人员要依照婴幼儿教育自身规律、坚持以教养工作为中心，互相协调配合。

知识拓展：幼儿园小学化的危害

(三)民主管理原则

现代管理强调人的作用，人是管理的核心，管理要以人为本。民主管理原则是指在托幼机构管理中，要处理好完成工作任务与以人为本的关系，处理好领导者与管理对象的关系，调动全园教职员工的积极性，发挥管理的激励机制作用，以较好地实现幼儿园的任务目标。人是社会财富的创造者、事与物的管理者、时空资源的利用者和信息流通的驾驭者，只有把人的事业心、责任感和主动性、积极性、创造性充分调动起来，才能使管理活动运转有序，富有生命力，获得理想的管理效能。

铸魂育人

托幼机构管理要树立群众观点，坚持群众路线，在组织上为群众参与管理创造条件，实行民主管理，集中正确意见科学决策。托幼机构领导者应实行园务公开制度，使广大教职工对托幼机构的工作有知情权，要重视工会组织在托幼机构民主管理中的作用，要从本托幼机构的实际情况出发，不断探索、积累管理经验。

(四)公益性原则

《幼儿园工作规程》第八章第四十七条规定："幼儿园实行收费公示制度，收费项目和标准向家长公示，接受社会监督""不得以营利为目的组织幼儿表演、竞赛等活动"。学前教育是一项公益性事业，所提供的教育服务由人们共同占有和享用。幼儿园管理与经营追求的是育人服务的质量效益，绝不能以获取利润为目的。要坚持满足人们的公共需求，坚持学前教育公益性的原则和理念。同时也要充分考虑时代发展对学前教育的影响，加强对教育公益性的研究，提高对学前教育公益性的认识，探索学前教育公益性的新形式和新途径，从而科学有效地运用教育资源，更好地满足公众、社会和国家教育的公共需求。

(五)有效性原则

管理的根本目的在于提高效率，要以最小的投入创造更多更好的经济效益和社会效益，为社会做出更有价值的贡献，充分发挥管理的生产力职能。托幼机构管理的有效性原则是指托幼机构管理要在正确的目标指导下，通过科学管理，合理组织人力、物力、财力等资源，充分挖掘潜力，讲究经营，高质量、高效益地实现婴幼儿培养目标，完成托幼机构双重任务。要使托幼机构工作纳入科学管理轨道，就要遵循教育和管理规律，树立正确的教育质量观、效益观，建立合理的组织机构与管理制度，有效利用各种管理资源，以科学的态度和方法来研究和处理园所管理中的问题，使托幼机构工作规范化，最终实现管理目标。

(六)和谐性原则

托幼机构作为教育机构是整个社会系统的组成部分，与社会密切联系，其生存与发展受社会外界各方面因素的制约。托幼机构管理的和谐性原则是指托幼机构管理要注重与社会的联系，通过内外协调、强化服务，充分利用有利条件，排除不利因素影响，在托幼机构内外相互作用与影响下，不断提高保教工作质量和管理水平。管理者、领导者要关注社会发展，了解社会需求，加强家园联系，搞好社区协调，做好双向互动，对所在社区各方面的发展状况以及社区居民对教育需求的变化做出认真的分析研究，并结合托幼机构实际确定正确的发展思路。因此，托幼机构管理要正确处理托幼机构与社会环境、托幼机构内部各个要素与整体的关系，促进托幼机构健康、和谐的发展。

托幼机构管理的基本原则是相互联系、不可分割的整体，共同作用于托幼机构管理过程，在管理实践中要根据具体问题灵活运用。

单元练习

一、单选题

1.(　　)是指托幼机构管理人员遵照国家的教育方针政策，遵循保教工作的客观规律，采用科学的工作方式和管理手段，将人、财、物等各因素合理组织起来，调动各方面的积极性，优质高效地完成国家所规定的婴幼儿培养目标和托幼机构工作任务而进行的各种一般管理职能活动。

A. 托幼机构管理　　B. 行政管理

C. 托幼机构行政　　D. 托幼机构治理

2. 托幼机构管理的(　　)原则是指托幼机构管理要在正确的目标指导下，通过科学管理，合理组织人力、物力、财力等资源，充分挖掘潜力，讲究经营，高质量、高效益地实现婴幼儿培养目标，完成托幼机构的双重任务。

A. 和谐性　　B. 有效性

C. 公益性　　D. 民主管理

3. 管理人员、保教人员要依照婴幼儿教育自身规律、坚持以(　　)为中心，互相协调配合。

A. 知识学习　　B. 思维开发

C. 教养工作　　D. 卫生保育

二、多选题

1. 保教工作管理包括(　　)。

A. 总体的保教管理　　B. 教师保教管理

C. 婴幼儿保教管理　　D. 班级的保教管理

2. 托幼机构管理的内容包括(　　)。

A. 行政事务工作　　B. 保教工作

C. 人事工作　　D. 婴幼儿家长社区工作

3. 托幼机构管理的基本任务是(　　)。

A. 确定管理目标　　B. 建立管理系统

C. 理顺组织关系　　D. 创造良好育人环境

三、判断题

1. 方向性原则是托幼机构管理的首要原则。(　　)

2. 托幼机构管理的基本原则是相互独立、互不影响。(　　)

3. 学前教育是一项公益性事业，所提供的教育服务由人们共同占有和享用。(　　)

4. 组织机构建立好，管理工作就一定能顺利运行。(　　)

课后练习答案

思考与练习

一、基础练习

简述托幼机构管理的基本原则。

思考与练习答案

二、实践练习

利用见习实习机会，调查一所托幼机构，制作出该托幼机构的组织机构图，并对其设置的合理性进行分析。

单元测试题

幼儿园教师资格考试模拟测试题

单元三　托幼机构一日活动保育要点

学习目标

1. 了解保育工作的重要性，有耐心、责任心、爱心地完成工作。

2. 能够精心照顾婴幼儿的一日生活，对婴幼儿进行独立生活能力的培养；能够完成常见症状的在园护理；能够完成常见伤害的在园护理。

3. 了解并熟悉生活活动和教育活动中的日常保育工作要点，确保托幼机构工作的正常开展。

单元导读

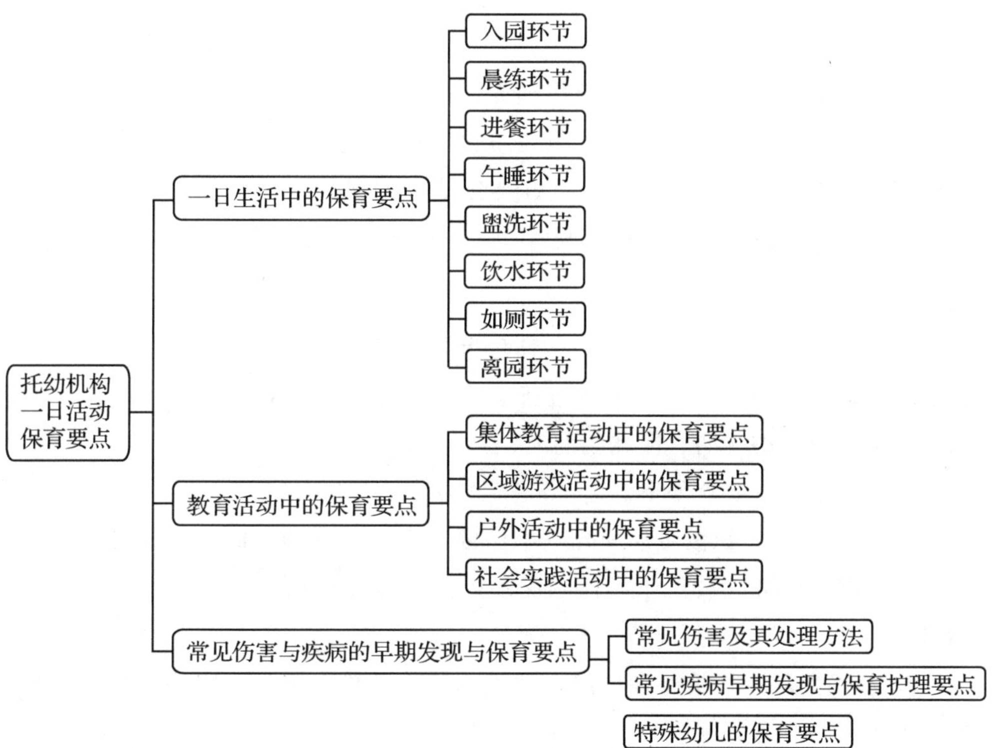

托幼机构一日生活有几大环节，各个环节不是独立存在的，而是相互交织、相互渗透的，是以某一环节为主的活动的过渡。托幼机构的保育工作，是一切教育活动顺利开展的重要保障。保教人员要照顾好婴幼儿一日的饮食起居，还要创设良好的环境条件，做好保教设备的清洁与消毒，以促进婴幼儿保教活动的顺利开展……从托幼机构的性质、特点、责任来看，保教人员担负着促进婴幼儿身心健康发展的任务。婴幼儿在托幼机构会出现各种症状，如肚子疼、发热、呕吐等，可具体疼痛症状不一定能描述出来。作为保教人员，要能及时发现并处理婴幼儿常见症状和伤害。

典型案例

在组织婴幼儿集体活动时，我们常常会听到，“老师我要尿尿”“老师我要喝水”“老师，花花离开小椅子看书去了”，刚来托幼机构的婴幼儿还没有适应集体生活，对于一日生活和学习的各个环节都不熟悉，常常出现教育教学活动时又要如厕又要喝水、又想听又注意力不集中的情况。面对这样的状况，我们该如何应对呢？在一日生活中如何开展保育工作呢？

第一课　一日生活中的保育要点

“生活即教育，教育即生活。”良好的生活习惯和独立的生活能力是婴幼儿终身发展的基石。生活教育是润物细无声的教育，婴幼儿在有序、有质、有情味的生活教育环境中，潜移默化地习得健康、文明、优雅的生活方式，为人生打上厚重的底色。一日生活是各类托幼机构婴幼儿及保教人员的共性活动。保育工作具体包括哪些环节呢？以下将分环节进行详细解读。

一、入园环节

俗话说“一日之计在于晨”，早晨起床利于身体健康，情绪更积极。教师应引导婴幼儿主动配合保健医生进行晨检，增强婴幼儿自信心，保持愉快的入园情绪，成为讲文明、懂礼貌的人。

知识拓展：独立入园

入园环节保育要点如下。

1. 引导婴幼儿积极主动配合卫生保健、医务人员的晨间健康检查，能回答卫生保健、医务人员关于身体状况的询问，能在晨检的过程中给同伴做好榜样。

2. 鼓励婴幼儿热情主动地向托幼机构工作人员、家长、同伴问好并愉快地与家人道别。

3. 引导婴幼儿做好“班检”（婴幼儿的精神状态、口袋异物、服饰安全以及身体是否有外伤等），知道不带危险物品，发现自己或同伴有异常表现时能主动告知。

4. 鼓励婴幼儿学会管理自己的物品(餐巾、水壶、衣服等)并能整齐、有序摆放在固定位置。

5. 组织婴幼儿通过小组讨论、自主分工等形式进行值日内容安排，同时依据内容按时参与值日活动。

二、晨练环节

晨练活动能促进婴幼儿体能发展，增强自我保护能力，培养坚持、勇敢的意志品质，养成终身受益的运动习惯。

晨练环节保育要点如下。

1. 鼓励婴幼儿每天按时来园参加晨练，帮助婴幼儿了解参加晨练的重要性，养成良好的运动习惯及形成健康的意识。

2. 班级保教人员提前到达场地，检查场地、器械安全。保教人员之间合理分工，在确保每名婴幼儿安全运动的同时，关注个体差异并给予适宜的指导和帮助。

3. 准备符合婴幼儿年龄特点、类型丰富多样的运动器械，激发婴幼儿参与锻炼的兴趣，锻炼其动作协调性和灵活性，如：障碍跳、平衡走、快跑等基本动作练习。同时要考虑婴幼儿活动量适中和器械选择适宜。班级之间可协同或交叉使用运动器械，满足婴幼儿体育锻炼的需要。保证场地和婴幼儿活动的密度，尽量减少婴幼儿等待的时间。

4. 根据活动场地的空间特点，合理规划活动场地，鼓励婴幼儿自主选择摆放的活动器械，探索多样的晨间游戏和体育活动。

5. 结合场地，通过采用示范、正面引导、组织婴幼儿谈话活动等方式讨论出晨练的安全行为规则，引导婴幼儿遵守晨练规则，形成规则意识，如：有序排队，运动时能注意安全，不给他人造成危险(知道用左右跑开、下蹲等方法躲避)，掌握一定的自我保护的方法等。

6. 积极投入到晨练活动中，用饱满的情绪、形象化的语言和肢体动作带动婴幼儿一起锻炼。

7. 晨练结束时，清点人数，鼓励婴幼儿合作自主整理运动器械，组织婴幼儿有序离开活动场地，对积极参与晨练活动的婴幼儿给予肯定。

三、进餐环节

俗话说："民以食为天。"保教人员应当在自然轻松的进餐氛围中，巩固婴幼儿进餐习惯，使之习得饮食礼仪，积累对食物与身体健康的有关常识，激发婴幼儿在进餐环节中的主体性，帮助婴幼儿养成喜食、乐食、康食的健康生活方式，优雅、自信地成长。

进餐环节保育要点如下。

活动流程：餐前准备—进餐—餐后。

(一)餐前准备

1. 如厕、盥洗

保育员组织婴幼儿自主分组如厕、用正确的方法进行盥洗。保育员观察婴幼儿的行为习惯，若遇到矛盾或困难，应当实时指导和帮助。洗手时，在提醒与帮助下，婴幼儿按照要求进行：(1)愿意排队，饭前便后洗手；(2)尝试自己卷袖子，用“七步洗手法”正确洗手；(3)洗手后在水池里甩三下，不让水溅到地上或水池周围，用自己的毛巾擦手；(4)擦手后整理衣袖，十指交叉相扣于胸前并有序排队双手取餐。

2. 餐前准备

保育员负责桌面消毒，并配合班级其他教师做好餐前准备，值日生做好餐前准备工作。如果汤粥温度过高，那么必须待降温处理后再分盛入碗，并将粥碗放置在餐桌内侧。

3. 餐前活动

保育员组织婴幼儿态度真诚地与同伴一起进行餐前活动，该活动主要引导婴幼儿爱惜食物，知道食物来之不易，节约粮食。保育员可以通过让婴幼儿唱一首轻缓的歌曲，也可让婴幼儿学一首简单的爱惜食物的儿歌，引导婴幼儿体会大自然对人类的馈赠并感谢对我们有付出的人。

(二)进餐

进餐环节主要做好以下几点。

1. 在进餐环节中，以播放轻音乐为背景，雅致的餐具摆放和良好的师幼互动为婴幼儿营造了高品质的进餐氛围。

2. 结合班级室内布局、进餐环节的座位摆放，使活动室的环境既显得温馨合理又方便照顾婴幼儿。

3. 餐桌上杂物盘、抹布、餐碗、餐盘等餐具的摆放和餐桌布置既美观合理又兼顾婴幼儿自取自用方便。盛饭时，要做到干稀搭配，饭菜分盛。

4. 注意观察婴幼儿进餐情况，鼓励婴幼儿根据食量盛汤添饭，逐步增强自我服务能力，共同创建安静、有序的进餐环境。

5. 及时关注有特殊情况或有需要的婴幼儿，鼓励婴幼儿身体不适时主动告知。关注有食物过敏史、少数民族婴幼儿的进餐，照顾体弱生病的婴幼儿、控制肥胖婴幼儿的食量。

6. 关注婴幼儿用正确的方法使用餐具，注重引导婴幼儿使用餐具的礼仪。

(三)餐后

餐后环节的组织比较容易被忽视，事实上餐后环节的组织质量直接关系到整个进餐环节的质量。首先，在思想上要高度重视餐后活动的合理组织；其次，要根据本班的具体情况设计餐后的活动内容，逐步引导婴幼儿有序、自主地进行整理。

1. 擦桌子

离开餐桌前或洒汤时，提醒婴幼儿用抹布将自己的桌面擦干净。

2. 送餐具

鼓励婴幼儿将用过的餐具分别放在指定的位置，让婴幼儿有序摆放，爱惜餐具，轻拿轻放。

3. 漱口、擦嘴

提醒婴幼儿自主有序地进行漱口，取放餐巾，擦嘴，必要时用肥皂洗手，保持个人仪表整洁。

4. 摆椅子

进餐整理结束后，鼓励婴幼儿主动将自己的椅子摆在固定的位置，不打扰其他婴幼儿进餐，不影响值日生和保育人员做整理活动。

5. 自选活动

用餐结束后，鼓励婴幼儿选择相应的区角进行安静的活动。

6. 餐后散步

午餐结束后，可根据天气情况在园所内、走廊里、阳台上组织婴幼儿慢步走。

7. 谈话活动

晚餐结束后，鼓励婴幼儿对自己在托幼机构一天的生活进行回顾，分享给同伴并对第二天的活动提前预知。

做一做

作为保育员，请尝试组织开展托幼机构大班的进餐环节。

四、午睡环节

婴幼儿在托幼机构午睡时间正值“午时”，此时为人体阳气最盛，阴气最衰的时刻，“午时小憩”利于婴幼儿阴阳之气的正常连接。班级保育员应为婴幼儿创设安全有序的午睡环境，营造轻松的午睡氛围，提升婴幼儿每日午睡质量。在午睡过程中，帮助或指导婴幼儿完成基本的自我服务，保持良好的睡姿，从而能有效调节婴幼儿身体机能，满足婴幼儿身心发展需求。培养良好的午睡作息习惯，为下午的生活作息积蓄能量。

午睡环节保育要点如下。

活动流程：睡前准备—入睡—起床。

(一) 睡前准备

1. 午睡前应提前播放轻音乐，做好寝室内通风换气工作，调节好寝室的室温、光线，营造温馨、安全、适宜的入睡环境。每天应坚持在婴幼儿午睡前一小时打开门窗，交换室内外空气，使寝室空气清新。特别要注意寝室光线，避免光线过暗，寝室光线以保教人员巡视时能清楚地观察到婴幼儿五官为准。

2. 当天气晴朗时，有意识地提醒婴幼儿在室内换好拖鞋后能将自己的鞋子放在阳台上晾晒。夏季上床前可提醒婴幼儿洗脸、洗手除去汗渍。

3. 引导婴幼儿安静有序地脱衣服，把衣服整齐地叠放在固定位置。

4. 睡前午检。

(1)鼓励婴幼儿能自主地将随身携带的小物件(头饰、皮筋、头绳等)集中存放，女生主动散开头发，及时上床，做好午睡的准备。

(2)每日午睡前，特别是传染病高发季节，保育员要逐一检查婴幼儿身体是否有异常情况，如：口腔、手心以及身体其他部位有无疱疹等。同时，测量婴幼儿体温并做好午检记录。

(3)有高热惊厥史的婴幼儿，保育员可将其床铺调整至离自己最近的位置，并在睡前测量体温，做好记录。

(二)入睡

1. 入睡前保育工作要点

(1)播放音量适宜的音乐、讲故事，通过环境暗示婴幼儿在进入寝室时走路和做其他动作需要轻声。

(2)提醒婴幼儿上床后盖好被子，保持正确的睡姿，安静入睡。

(3)对于入睡慢的婴幼儿，要多加关注，帮助婴幼儿尽快入睡。

(4)避免相邻的两个婴幼儿同一朝向躺在一起，以减少病原体传播的机会。

2. 入睡后保育工作要点

(1)应全面关注婴幼儿的午睡情况，做好午睡记录，认真巡视并调整婴幼儿不正确的睡姿；检查被子是否遮挡口鼻，为蹬被子的婴幼儿盖好被子，避免着凉。秋冬季当婴幼儿中途如厕时，提醒婴幼儿穿上外套。

(2)密切关注感冒、咳嗽的婴幼儿。鼓励婴幼儿在身体不舒服或发现同伴有异常情况时，及时告知并能够调节自己说话声音的大小，尽量不打扰其他婴幼儿午睡。若发现异常，应及时与保健医生和值班领导联系。

(3)午睡中关注婴幼儿出汗量，如：出汗过多时，及时为婴幼儿擦拭或更换衣物等。

3. 起床前保育工作要点

(1)提醒婴幼儿睡醒后能够保持安静，不打扰同伴。

(2)从婴幼儿人数、健康、情绪及一些特殊的事情方面，认真、细致地做好交接班工作。

(3)在起床环节前 20 分钟，要为婴幼儿准备好温度适宜的饮用水，并准备好午点。准备的过程中，要随时观察婴幼儿午睡情况。值日生提前 10 分钟起床分发午点。婴幼儿起床后自然过渡到午点环节。

(三) 起床

1. 午睡结束时，提醒婴幼儿将自己的衣物整理好并及时将拖鞋放回原处。婴幼儿到镜子前整理自己的仪表，或互相检查衣物是否整齐。

2. 引导婴幼儿循序渐进学会整理床铺，将被褥用对折的方式叠放整齐并放在固定方向，再将床铺用床刷整理平整。

(1)班级保育员在婴幼儿返回寝室整理床铺时应给予指导。如：提醒婴幼儿用床刷整理床铺。

(2)经过一段时间的学习后，针对叠被褥还不熟练的婴幼儿，可邀请已熟练掌握叠被方法的婴幼儿给予指导和帮助，引导婴幼儿互相学习。

3. 鼓励、帮助女生梳头。如婴幼儿遇到困难，应给予帮助。在梳头的过程中可进行短暂谈话，了解婴幼儿上午在托幼机构的情况及增进师幼感情。

注：提供有利于个人卫生的条件，为女生准备一把梳子，设置在班级婴幼儿便于取放的位置，每周清洗一次。

4. 婴幼儿全部起床后，开窗通风、整理床铺、拖地等，保持寝室内卫生清洁、整齐、美观。

五、盥洗环节

托幼机构的盥洗活动主要包括洗手、洗脸、漱口等基本环节。应创设温馨适宜的盥洗环境，引导婴幼儿知道饭前便后、活动后及手脏时要洗手，逐步学会正确的洗手、漱口方法，注重盥洗环节中的健康教育和环保教育。托幼机构的盥洗活动有助于提高婴幼儿自理能力，养成良好的个人卫生习惯，树立节约用水意识，建立良好的秩序感。

盥洗环节保育要点如下。

（一）洗手

1. 保教人员引导婴幼儿养成良好的卫生习惯，懂得洗手对自身健康的重要性。饭前便后、活动后及手脏时婴幼儿能够主动去洗手。

2. 保教人员与婴幼儿共同讨论班级文明盥洗的行为规则，制定班级公约，引导婴幼儿逐渐自觉遵守。

3. 保教人员关注婴幼儿养成良好的盥洗习惯。

(1)婴幼儿知道节约用水的意义，洗手时能控制水流大小，地面有水时能协助教师进行清理，有安全意识。

(2)婴幼儿能熟练地按照“七步洗手法”正确洗手。

(3)擦手环节，婴幼儿使用自己的毛巾，确保一人一巾。

(4)婴幼儿能根据季节及自身需要(如冬季手部皲裂)，逐渐自主地在洗手后涂抹护手霜，知道护手霜所在位置，使用后放回原处。

（二）漱口

1. 培养婴幼儿良好的漱口习惯，保育员引导婴幼儿在接漱口水时能控制水量并用正确的方法进行漱口。

2. 保育员结合生活课程使婴幼儿知道漱口对口腔卫生、保护牙齿的重要性。

3. 保育员有意识地引导婴幼儿漱口后及时关注水池及地面卫生，不将地面弄湿。值日生可协助清理保持盥洗室的卫生。

（三）洗脸、换衣

1. 保育员引导婴幼儿午睡起床后或户外活动后、脸部汗渍较多时，主动擦拭汗渍和洗脸。

2. 不慎将衣物弄脏等情况出现时，婴幼儿知道及时告知保育员并更换干净衣物。

六、饮水环节

托幼机构要为婴幼儿创设温馨、安全的饮水氛围，为婴幼儿提供白开水。保教人员科学地组织婴幼儿有序饮水、鼓励其自主饮水，让婴幼儿知道根据自己的需要饮水。这可以保障婴幼儿的饮水量，有利于提高婴幼儿独立饮水的自我服务能力，从而培养婴幼儿良好的饮水习惯。

饮水环节保育要点如下。

1. 根据婴幼儿进入托幼机构的状态提前准备好量充足、37℃左右的饮用水，随时进行温度和水量的调整，保证婴幼儿全天有充足的饮用水。

2. 饮水前，值日生分别将量杯、抹布摆放在饮水区域。其他婴幼儿饮水后，值日生协助班级保育员清理水壶，收放整齐。

3. 保教人员帮助婴幼儿了解饮水与身体健康之间的关系，教会婴幼儿根据身体需要及时调整自己的饮水量；让婴幼儿知道在出现喉咙痛等症状时还可多喝水；引导婴幼儿适度喝水。

4. 保教人员与婴幼儿共同讨论制定班级饮水公约，设计合理的饮水路线，制定自主饮水规则。鼓励婴幼儿用图画的形式呈现讨论的过程，可用作班级墙面环境创设。

5. 保教人员同婴幼儿共同商讨饮水记录的方式，鼓励婴幼儿按照自己的健康状况，及时喝水并记录。

6. 保教人员引导婴幼儿利用自主活动时间，有序地自主饮水，让婴幼儿根据自身身体健康情况熟练按需饮水；适时指导婴幼儿按照一杯水记录一次的方法，做好饮水情况的记录。

7. 保教人员保证婴幼儿每次饮水时间充足，引导婴幼儿独立解决饮水时出现的问题，如：洒水时，能自己取抹布进行清理；衣服被打湿时，能主动找保育员协助更换晾晒。

七、如厕环节

如厕是婴幼儿重要的生理需要，也是生活教育的重要内容和教育途径之一。保教人员应营造温馨、宽松的如厕环境，培养婴幼儿正确、文明的如厕行为，帮助婴幼儿了解如厕与身体的关系，关注自身健康，从而形成良好的独立文明的如厕行为习惯。

如厕环节保育要点如下。

（一）创设适宜的卫生间环境

1. 创设整洁干净的环境，如男女卫生间的标志、大小便记录、大小便不同形态图和对应的饮食建议图等要明确，培养婴幼儿关注自身健康的意识。

2. 在卫生间墙壁合适的位置，用图片、手工作品等形式呈现大小便形态及相应的日常饮食指导建议，并制作大小便记录表。

3. 引导婴幼儿知道按需、自行取用卫生纸，不浪费。准备储物盒，把装有裁好、折叠好的卫生纸的储物盒放置在高度合适、便于婴幼儿拿取的位置。

（二）相互配合，提醒婴幼儿自主有序如厕，并指导婴幼儿观察大小便

保教人员要做好婴幼儿大小便记录。组织婴幼儿男女分厕、分组排队如厕，注意关注婴幼儿如厕情况及安全，必要时给予帮助，如保持地面干燥，与清洁消毒相关的物品均放在婴幼儿触摸不到的位置，组织婴幼儿如厕后有序离开等。

（三）注意事项

1. 保教人员与婴幼儿共同讨论文明如厕的规则，引导婴幼儿自觉遵守，如男女分厕、如厕秩序、节约用纸、便后及时冲水、共同保持卫生整洁等良好的如厕行为。

2. 保教人员培养婴幼儿合理利用时间的习惯，在集体活动、户外活动前能主动如厕，知道要把握好时间，不影响自己的游戏及学习活动。

3. 保教人员对婴幼儿进行必要的性别教育、隐私教育，如不窥视他人如厕，衣服遮盖的部位不能暴露给他人等。

八、离园环节

离园活动是托幼机构一日生活的最后一个环节，是由托幼机构生活转向家庭生活的过渡阶段。通过离园活动，引导婴幼儿遵守离园常规，提高婴幼儿的自我管理能力和安全意识；有助于巩固婴幼儿良好的生活习惯、提高自我服务能力。婴幼儿安全有序离园，为婴幼儿一天的生活画上圆满的句号，让婴幼儿对第二天来园生活充满期待和向往。

离园环节保育要点如下。

（一）离园前活动

1. 分享类活动：才艺分享、游戏分享等，引导婴幼儿将集体生活一天的快乐情绪加以延展。

2. 回顾类活动：绘画记录、符号记录、数字记录等，教师结合集体教学活动帮助婴幼儿准确记住小任务。

3. 游戏类活动：词语接龙、歌曲接龙等，将婴幼儿集体活动中的学习内容以游戏的方式巩固迁移。

4. 自主活动：个人绘画日记、桌面建构材料、阅读绘本等，引导婴幼儿专注投入地进行自主活动，教师给予适时指导。

（二）离园前整理

1. 环境卫生

提醒婴幼儿做好班级物品、材料归类和卫生整理工作，并鼓励值日生检查班级环境。

2. 仪容仪表

提醒婴幼儿整理仪容仪表，如面部、头发、衣服、鞋子等。

3. 个人物品

有意识地培养婴幼儿独立整理书包、餐巾、水壶、衣服等个人物品，避免错拿、忘拿等现象，养成保管个人物品的良好习惯。

（三）离园前谈话

1. 利用离园前谈话，师幼共同回顾一天的集体生活，对一天的所见所闻进行整理。

2. 鼓励婴幼儿进行自我评价。

3. 组织婴幼儿在离园前对值日生工作进行自评和互评。

4. 提前告知婴幼儿第二天的活动安排，鼓励婴幼儿自主准备好相应材料。

5. 与婴幼儿共同讨论离园后的注意事项，进行交通安全、健康饮食的教育。

（四）离园注意事项

1. 离园时班级保教人员相互配合，确保婴幼儿安全有序离园。

2. 鼓励婴幼儿有礼貌地与保教人员、同伴道别。

3. 组织家长未按时接的婴幼儿进行阅读、涂鸦、手工等愉快的活动以等待家长。

拓展阅读

知识拓展：河南省实验幼儿园作息表

一日生活安排制度

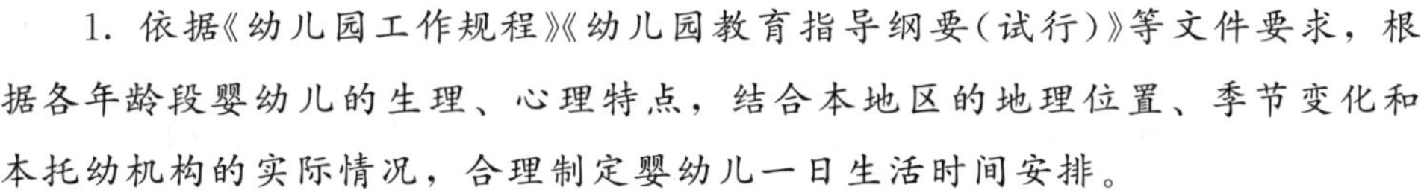

1. 依据《幼儿园工作规程》《幼儿园教育指导纲要（试行）》等文件要求，根据各年龄段婴幼儿的生理、心理特点，结合本地区的地理位置、季节变化和本托幼机构的实际情况，合理制定婴幼儿一日生活时间安排。

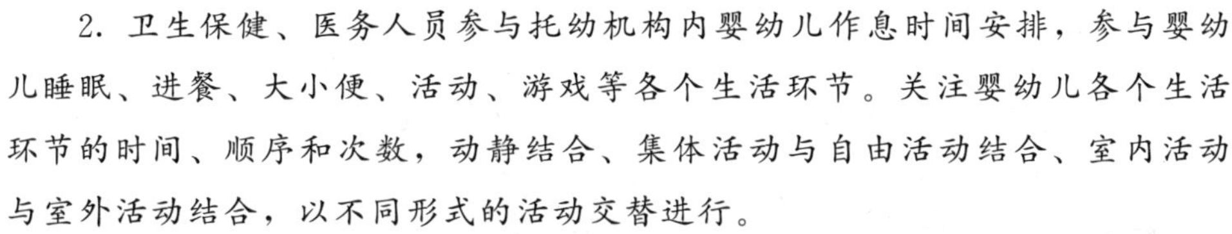

2. 卫生保健、医务人员参与托幼机构内婴幼儿作息时间安排，参与婴幼儿睡眠、进餐、大小便、活动、游戏等各个生活环节。关注婴幼儿各个生活环节的时间、顺序和次数，动静结合、集体活动与自由活动结合、室内活动与室外活动结合，以不同形式的活动交替进行。

3. 保证婴幼儿每日充足的户外活动时间，婴幼儿户外活动时间每日不少于2小时，体育活动不少于1小时，寒冷、炎热季节可酌情调整。婴幼儿进餐时间为20—30分钟/餐，餐后安静活动或散步时间为15—20分钟，午睡时间根据季节为2—2.5小时/日为宜。

4. 卫生保健人员负责每日巡视，督促、检查婴幼儿生活作息制度的执行情况，发现问题及时予以纠正，保证婴幼儿在托幼机构内生活的规律性和稳定性。

班级交接班制度

为保证托幼机构良好的保教工作秩序，班级交接班制度的内容一般包括如下方面：

1. 为保障班级工作秩序，实现教育教学工作的无缝对接，班级工作实行严格的交接班制度。

2. 上午教师工作时间为7：40—12：00，其中11：30—12：00为教师午餐时间。下午教师工作时间为14：30—18：00(婴幼儿离园完毕)；保育员工作时间为上午7：40—12：00，下午14：30—18：00(婴幼儿离园完毕)。

3. 保教人员需提前10分钟到岗，按照各自工作流程开展保教工作。按要求做好各个节点交接工作，交接班记录要认真准确。

4. 交班时，保教人员要当面交接婴幼儿出勤人数、健康情况、服药情况、家长嘱托内容、中途接走的婴幼儿及有关教育工作内容和班级其他事情，并由交接双方签字确认。

5. 接班时，接班人与交班人认真核实交接班记录。

6. 认真填写交接班记录，不得漏记、错记、补记、代记，班主任对班级交接班记录质量负有管理责任。

7. 妥善保管班级交接班记录本，随时接受保教主任的检查与指导，每学期将本班交接班记录本上交统一管理。

单元练习

一、单选题

1. 为保证每日充足的户外活动时间，婴幼儿户外活动时间每日不少于(　　)，体育活动不少于(　　)。

A. 1小时，0.5小时　　B. 2小时，1小时

C. 2.5小时，1.5小时　　D. 3小时，2小时

2. 盥洗环节包括(　　)。

A. 洗手　　B. 洗脸

C. 漱口　　D. 洗手、漱口、洗脸、换衣

二、多选题

1. 交班时保教人员要当面交接(　　)及有关教育工作内容和班级其他事情。

A. 婴幼儿出勤人数以及中途接走的婴幼儿

B. 婴幼儿健康情况

C. 婴幼儿服药情况

D. 家长嘱托内容

2. 晨练活动能促进婴幼儿哪些方面的发展？(　　)

A. 促进婴幼儿体能发展

B. 增强婴幼儿自我保护能力

C. 培养婴幼儿坚持、勇敢的意志品质

D. 养成终身受益的运动习惯

三、判断题

1. 只要天气允许，婴幼儿每天都进行晨练活动。但是班级保育员无须每天都检查场地和器械的安全。（　　）

课后练习答案

2. 婴幼儿午睡时，应选用遮光效果非常好的窗帘，保持暗光线。（　　）

四、论述题

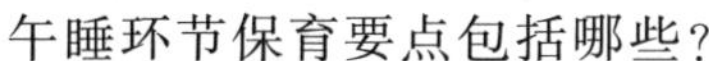

午睡环节保育要点包括哪些？

第二课　教育活动中的保育要点

托幼机构的保育工作，是一切教育活动顺利开展的重要保障。

所谓“保”，通常是指为保护婴幼儿生理、心理健康，增强体质，促进生长发育而进行的体格锻炼、预防疾病、执行科学作息制度和保健卫生制度等内容的活动。

所谓“教”，通常指有目的、有计划、有系统性地创设良好的环境，合理安排婴幼儿生活，培养婴幼儿良好的习惯，丰富婴幼儿的知识、经验，发展智力，促进其获得良好的社会适应性等活动过程。

“保”和“教”各自作用又相互联系，侧重点不同，“保”在生活环境中占优势，“教”在教育活动中占优势。保教人员要做到教中有保，保中有教，保教相互结合、包含、渗透。

一、集体教育活动中的保育要点

在家中，婴幼儿习惯了自由随意的生活。进入托幼机构后，婴幼儿面对的是陌生的环境和不认识的教师、小朋友，还要定时参与饮水、如厕、盥洗、游戏等，这对刚来托幼机构的婴幼儿来说很难适应。虽然教育活动的时间在刚入托幼机构时不长，但是要认识到教育活动的合理安排和对婴幼儿情绪的关注是帮助婴幼儿尽快适应集体教育活动的关键。

（一）集体教育活动前的准备工作

一是每次活动前保育员与教师之间相互沟通，了解集体教育活动的内容、桌椅的摆放形式、玩教具的准备种类以及是否需要制作新教具等。二是根据已定好的活动内容准备需要的材料，要注意保证材料的充足及安全性并按要求摆放好。需人手一份的，在中、大班，可指导值日生共同完成。

(二)集体教育活动对保育员的常规要求

1. 做好集体教育活动前的安全检查工作

为保证集体教育活动的正常进行，保育员要及时、适时、适当地帮助教师进行教学活动。如果是体育活动，应检查幼儿的服装、场地、器械是否安全，如发现器械破损，应及时报告有关人员进行维修。

2. 提供安全的教学材料

集体教育活动中提供的玩教具、书籍，在使用前后须进行消毒。不能提供有害的、危险的、不符合该年龄段特点的任何物品。保育员要对教育材料严格把关，确保安全。

3. 恰当处理集体教育活动中的突发事件

在集体教育活动中关注婴幼儿的注意力与情绪，遇到特殊情况时(如个别婴幼儿情绪异常激动、与同伴出现争执等)，要运用恰当的方式，对婴幼儿进行教育，切忌大声叫婴幼儿的名字，这样会打断教师的活动，影响婴幼儿参与活动的积极性，分散其他婴幼儿的注意力。在集体教育活动中，注意不要在教室中走来走去，不要打扫卫生，更不要打断教师的讲解，以保证集体教育活动顺利进行。

4. 在集体教育活动中对婴幼儿进行个别指导或对教育要点进行记录

在集体教育活动中，保育员根据活动的需求协助教师对婴幼儿进行个别指导，特别是在操作活动中关注婴幼儿的学习情况。如果集体教育活动不需要个别指导，那么保育员则可以帮助教师将教育要点简要记录下来。

5. 快速、有效地处理好婴幼儿的情绪

作为配角，保育员可以更好地以第三视角掌控全局，但切忌喧宾夺主，避免声音太大或者介入太多而影响教师的教育。同时对于有需求的婴幼儿，也要第一时间关注，判断婴幼儿是否是真的要如厕或饮水，还是因为无法投入活动而想离开。对于正常生理需求(如如厕、饮水等)，保育员要根据婴幼儿年龄段及个体情况单独处理，比如单独带婴幼儿如厕等。对于年龄太小的婴幼儿应在不影响其他人的情况下适当满足其要求；如果是年龄小的婴幼儿因为无法投入课堂活动而想离开，保育员要在不影响其他人的情况下，先轻声安抚，或者带他离开进行安抚后带其重新返回。如果是大一点的幼儿，就以轻声安抚和鼓励为主，用最短的时间处理好幼儿的情绪。

(三)集体教育活动后对保育员的要求

1. 用故事、儿歌等引导婴幼儿进行延伸

集体教育活动结束后，要进行集体如厕、盥洗、饮水等活动。在这些活动中保育员可以对集体活动内容进行延伸，如用故事和儿歌引导婴幼儿自觉参与。

2. 有序组织如厕、盥洗、饮水环节

保育员要对每名婴幼儿的特点做到心中有数。如厕前，保证卫生间地面干净、无水渍，同时要对婴幼儿进行如厕指导，包括脱裤子、蹲坐便、冲水、整理好衣裤等；同时还要对婴幼儿进行性别教育，要求男、女分开如厕，并及时收拾、整理卫生间，使其保持干净；要让婴幼儿使用七步洗手法，保证卫生、健康，及时整理干净台面和地面，以防意外滑倒；饮水时，要事先准备好37℃左右的温开水，保证婴幼儿不会被烫伤，一人固定一杯使用，不混用，防止交叉感染，根据天气情况和活动量适当增减饮水量，保证足量饮水，并引导婴幼儿珍惜水资源，不浪费，喝完水后将水杯放到杯架内，做好自己的饮水记录。

二、区域游戏活动中的保育要点

托幼机构必须把保护婴幼儿生命和促进婴幼儿健康的工作放在首位。区域游戏是托幼机构环境教育的重要实施手段，作为保教人员，我们要开展哪些工作呢？

(一)区域游戏活动前的准备工作

1. 确保材料充足、完好

熟悉本班活动区的设置，检查活动区的材料，保育员及时反馈、交流、讨论，以便根据婴幼儿的需求增加、更换区域活动的材料。区域游戏材料如有破损或缺失，应及时整修或添加。

2. 确保材料安全，符合婴幼儿年龄特点

准备的材料要安全、卫生，具有教育性，符合婴幼儿的年龄特点，以利于培养婴幼儿的各种能力。

3. 按类摆放材料，确保安全性

材料要按类摆放，工具要单独放置。剪刀、铅笔要安全摆放，以免发生危险。

4. 提前调配好游戏活动所需美工颜料，摆放整齐

美工类材料，特别是水彩颜料、水粉颜料等，要在活动前调配好，摆放整齐，便于婴幼儿取放，还要有相应的保洁措施(如准备抹布等)。

5. 教师分区域指导

区域活动时，教师一般会进行分工，每位教师有主要负责指导的区域，因此，保育员应先了解自己所要负责的区域，包括该区域中各种游戏材料是

否准备好、玩教具的功能是否完好、采用怎样的操作方式等。

(二)区域游戏活动对保育员的常规要求

保育员要与教师一起组织区域活动，指导婴幼儿操作，关注活动中婴幼儿的表现，针对个体差异进行随机教育。保育员要将在区域活动中看到的婴幼儿游戏情况、发现的问题等及时反馈给教师。婴幼儿活动结束后保育员要指导婴幼儿将操作材料整理好，并放回到教具柜。保育员要做好活动后的卫生清洁工作。

三、户外活动中的保育要点

户外活动是婴幼儿一日生活中必不可少的环节。保教人员在早操、游戏等户外活动环节中的有效配合也非常重要。

活动前，保教人员应先检查场地和户外器材的安全性，避免一切安全隐患。同时，根据天气引导婴幼儿互相查看衣服是否适宜活动、鞋子有无穿好，防止在活动中绊倒引起损伤。在活动中，根据婴幼儿身体状况，观察婴幼儿面色、出汗、呼吸情况，适当调整婴幼儿运动量和活动强度，随时提醒或帮助易出汗的婴幼儿及时擦汗，避免感冒生病。

为了保证婴幼儿在运动时得到高质量的护理和指导，保教人员要坚持有意识地引导和培养婴幼儿的自主自理，自助互助行为，如叠衣服、垫汗巾、擦汗、捏肩等。

(一)户外活动前的准备工作

1. 幼儿分组盥洗，整理衣服。
2. 清理教室卫生，做好部分消毒工作。
3. 户外场地、器械、辅助材料的准备。
4. 提醒婴幼儿带上自己的汗巾、水壶。
5. 清点人数，检查婴幼儿着装，并进行和活动有关的安全教育。

(二)户外活动对保教人员的常规要求

保教人员应检查婴幼儿的服装是否适宜且安全，准备好户外活动时需要的游戏材料，查看带出的游戏材料是否安全、卫生，数量是否充足。活动前检查活动场地、器械是否安全，是否有危险物品，如发现器械破损应及时报告有关人员进行维修。在分组游戏活动中，每名保教人员可以承担一部分婴幼儿指导工作，对班级婴幼儿现阶段需重点学习的运动技能做到熟知于心。除此之外，保教人员还要清楚当日户外分组活动的重点内容，以便在分组活动中能更有目的、有针对性地做好准备工作，组织并指导婴幼儿活动。

活动过程中，保教人员随时观察婴幼儿的运动量，根据婴幼儿状态适当调整婴幼儿运动的节奏，鼓励婴幼儿动静交替活动，避免运动过度。照顾或帮助个别婴幼儿贯彻活动要求，提醒婴幼儿注意安全。注意对班级肥胖儿、体弱儿等婴幼儿的关注，在活动中有目的地针对他们的体能状况开展多种运动。如发现婴幼儿出现疲劳状况时，提示婴幼儿调整运动量，防止婴幼儿过度劳累。当婴幼儿有擦伤或者受伤时，及时带婴幼儿去保健室，遇到情况严重的婴幼儿协助卫生保健、医务人员去医院就诊。鼓励并指导婴幼儿有序取送器械或者玩具，保证婴幼儿安全。鼓励婴幼儿积极参加锻炼活动，注意根据天气的变化和室内外的温差，随时督促婴幼儿增减衣服，对爱出汗的婴幼儿特别护理，注意婴幼儿的饮水量。提醒婴幼儿多喝水，让婴幼儿随渴随喝，真正做到让家长放心。

四、社会实践活动中的保育要点

社会实践是托幼机构与家长经常组织的一种活动。社会实践活动不仅包括亲近大自然的活动，而且包括社会公益活动。

(一)社会实践活动前的准备工作

1. 制定社会实践活动方案，递交托幼机构领导进行审核。

2. 托幼机构各部门、各级人员分工明确，尤其要有卫生保健、医务人员，安全保卫人员提供保障。

3. 与社会实践地点负责人进行两次实地踩点，确保活动万无一失。

4. 与托幼机构后勤部门及时联系，告知社会实践时间。

(二)社会实践活动对保教人员的常规要求

保教人员应检查婴幼儿的服装是否安全，准备好社会实践活动需要的材料，查看带出的材料是否安全、卫生，数量是否充足。活动前检查活动场地、器械是否安全，是否有危险物品，如发现器械破损，应及时报告有关人员进行维修。关注班级特殊婴幼儿，多关照带婴幼儿参加社会实践活动的祖辈家长。

单元练习

一、单选题

1. 饮水时，要事先准备好(　　)的温开水，保证婴幼儿不会被烫伤。

A. 25℃左右　　B. 37℃左右　　C. 45℃左右　　D. 60℃左右

2. 活动过程中，随时观察婴幼儿的运动量，根据婴幼儿状态适当调整婴幼儿运动的节奏，鼓励婴幼儿(　　)，避免运动过度。

A. 增强运动难度　　B. 加强运动　　C. 动静交替活动　　D. 适度活动

二、多选题

1. 集体教育活动前的准备工作包括(　　)。

A. 了解集体教育活动的内容　　B. 桌椅的摆放形式

C. 玩教具的准备种类　　D. 是否需要制作新教具

2. 区域游戏活动前的准备工作包括(　　)。

A. 家长的嘱咐

B. 确保材料安全，符合婴幼儿年龄特点

C. 确保材料充足、完好

D. 提前调配好活动所需的美工颜料

三、判断题

课后练习答案

1. 保育员如果能力较强，可以掌控全局，不一定非要辅助教师的教学。(　　)

2. 保教人员要清楚当日户外分组活动的重点内容，以便在分组活动中能更有目的、有针对性地做好准备工作，组织并指导幼儿活动。(　　)

四、论述题

保育员在区域活动中要注意哪些问题?

第三课　常见伤害与疾病的早期发现与保育要点

婴幼儿常见伤害的类型有一般外伤、出血、异物入体等。此外，婴幼儿在托幼机构有时会出现各种症状，如疼痛、呕吐、腹泻等。作为保教人员，要能及时发现并处理婴幼儿常见伤害和症状。通过本课的学习，我们能够了解婴幼儿的常见伤害与疾病，及早发现并处理。通过有针对性的护理，能减缓婴幼儿痛苦，提高婴幼儿在托幼机构的生活质量。

在婴幼儿遇到突发情况时，作为保教人员，要及时对受伤和患病的婴幼儿进行处理，并马上送往医院，将对婴幼儿的伤害降到最低。

一、常见伤害及其处理方法

(一)一般外伤

1. 擦伤

知识拓展：意外的类型

擦破表皮，伤口有少量渗血。婴幼儿在奔跑时、同伴推搡时摔倒都可能造成擦伤。

处理方法：婴幼儿擦伤时，保教人员应及时将其送到保健室，并配合卫生保健、医务人员进行处理。若伤口表面有污物，可先用生理盐水清洁、冲洗创面。冲洗后在伤口处涂擦碘酊或其他外用消毒液，不必包扎。

2. 划伤、切伤

划伤、切伤伤口较深，有出血。

处理方法：先用干净的纱布按压伤口止血。然后在伤口周围用碘酊由内向外消毒，敷上消毒纱布，用绷带包扎。如果是玻璃器皿扎伤，就应先用清水清理伤口，用镊子清除碎玻璃片，消毒后进行包扎。

3. 裂伤

裂伤(即切割伤)伤口较深，有出血，严重时需要缝合，常发生于婴幼儿户外意外撞击到有棱角的物件或婴幼儿使用剪刀等有利刃的物件时。

处理方法：保教人员应迅速用消毒过的毛巾施压覆盖在伤口上止血，同时及时将受伤的婴幼儿送到保健室。严重时要用纱布压迫止血，包扎后送医院诊治。

4. 刺伤

刺伤是指异物(如竹刺、木刺等)扎入皮肤后造成的伤害。

处理方法：轻微刺伤且异物部分裸露在外时，保教人员可以直接轻捏异物将其拔出。当刺入皮肤较深时，保教人员应迅速将婴幼儿送到保健室，配合保健、医务人员对伤口进行消毒，拔出异物。

5. 挫伤

发生挫伤时皮肤一般不显伤口，但易出现皮肤肿胀，剧烈疼痛，伤处及周围呈青紫色。婴幼儿头部撞击是最常见的一种挫伤成因。

处理方法：不要搓揉伤处，同时迅速带婴幼儿到保健室进行冷敷。24 小时后可以热敷，加速血液循环，加快肿胀消退，如有较大血肿，应立即带婴幼儿去医院治疗。

6. 扭伤

扭伤是关节部位扭伤，不能自主活动。常发生于婴幼儿运动活动中。

处理方法：首先检查有无骨折、脱臼。判断无骨折、脱臼后，应在疼痛肿胀部位，先冷敷，24 小时后再热敷，活动关节、推拿患部，起到舒筋、活血、止痛的效果。

7. 烫(烧)伤

在日常生活中容易发生烫(烧)伤的意外事故，主要是接触开水、热饭、热蒸汽等造成的。如果护理不当极易造成感染，进而加重伤势。

烫(烧)伤根据严重程度划分为三个等级。一度：表现为局部发红、表皮受损，疼痛界限明显，无水泡，一般 4—5 天即可痊愈；二度：表现为局部出现水泡，真皮受损，疼痛剧烈；三度：表现为皮肤全层受损，组织坏死。

处理方法：日常生活中要避免烫(烧)伤，做好防范工作。如果已经发生烫伤，不要惊慌。首先立即远离受伤现场，并用冷水冲洗患处 10—15 分钟，根据受伤的不同程度及时处理。一度烫伤，一般可先做简单急救处理，烫伤后越早用冷水冲(或浸泡)越好，水温越低越好(不低于－6℃)，浸泡时间半小时以上，然后涂上烫伤药膏，再用外用纱布包裹即可(一般四肢、躯干需要包裹)。头、颈部轻度烫伤，经过清洁并涂药后，不需要包扎。与空气接触，能尽快干燥，以加快创面复原。二度及三度烫伤，如果创面部位有衣物遮挡，那么要尽快脱掉或局部剪开，慢慢揭起遮挡物，以免撕拉皮肤脱落，并立即用冷水冲洗。在此过程中，切勿用手揉搓婴幼儿的烫伤创面。如果出现红肿、水泡，不要弄破，切忌乱用外涂药物，更不能用牙膏、食用油等，会加重感染并可能会留疤，应该用干净的湿床单或毛巾包裹好，及时送医院救治。

做一做

某幼儿园大班的食育工坊中，一名幼儿在观看鸡蛋煎饼的制作过程中，右手食指不小心触碰到电饼铛边缘，导致右手食指烫伤。你作为保教人员应当如何处理？

(二)出血

出血是发生创伤后的主要症状之一，出血量达到全身血量的 1/3 时，有生命危险。遇到外伤出血，首先要采取有效的措施止血，然后再做其他处理。

1. 毛细血管出血

血液从创面四周渗出，出血量少，色红，找不到明显出血点，多能自行止血，危险性小。保教人员应带婴幼儿到保健室，由卫生保健、医务人员处理。毛细血管出血，一般不必包扎。

2. 鼻出血

保教人员应安慰婴幼儿，告诉他不要紧张，安静坐下，头略向前倾。前额、鼻部用湿毛巾冷敷。捏住鼻翼，一般压迫 10 分钟左右即可止血。止血后 2—3 小时内不做剧烈运动，避免再出血。当婴幼儿有频繁的吞咽动作时，一定要让他把“水”吐出来；若吐出的是鲜血，那么说明鼻腔内仍在继续出血，应尽快送医院处理。

(三)异物入体

1. 鼻腔异物

婴幼儿无意中常将小物件塞入鼻孔，如豆粒、果核、橡皮等。异物造成鼻塞，影响呼吸，还会引起鼻腔炎症，甚至异物下行引起咽喉、气管异物。发现后应及时取出，否则危害甚大。

取出异物的方法是：嘱咐婴幼儿用嘴深吸一口气，保教人员用手堵住无异物的一侧鼻孔，让婴幼儿用力擤鼻子，异物即可排出。若异物未取出，切不可擅自用镊子夹取，否则会将异物捅向深处，甚至落入气管，危及生命。出现异物未取出的情况，保教人员应马上带婴幼儿去医院处理。

2. 咽部异物

咽部异物以鱼刺、骨头渣、枣核等较为多见。异物大多扎在扁桃体或其周围，引起疼痛，吞咽时疼痛加剧。

取出的方法是：咽部被异物卡住后，可让患者张大嘴，将舌头压下，用镊子轻轻夹出。若无效，送医院处理。注意：鱼刺卡住后，不要给婴幼儿吃馒头、饭团等，因为这样做有可能将刺压得更深，更不易取出。较大异物卡在咽部，可造成呼吸困难。

3. 喉、气管异物

为什么婴幼儿容易发生异物吸入气管的意外呢？这是因为婴幼儿的气管与食管交叉处的“会厌软骨”发育不成熟，当婴幼儿口中含着食物说话、哭闹或剧烈运动时，容易将口内含物吸入气管引起阻塞以致窒息。

当婴幼儿边吃边玩时或进食后突然停止活动，开始哭闹并有阵发性高声呛咳喘鸣以及面色紫、呼吸困难，继而神志不清和昏迷等时，保教人员应怀疑婴幼儿吸入气管异物。如果异物完全堵塞气管，超过 4 分钟便会危及生命，即使抢救成功，也常会留下失语、瘫痪等严重的后遗症。因此，当婴幼儿发生气管吸入异物时就必须马上进行现场紧急救护。清除异物，千万不能等待。一旦婴幼儿气管吸入异物，千万不要惊慌失措，在婴幼儿出现神志不清前，应抓紧时间，迅速用以下方法清除异物。

(1)拍背法：适用于 1 岁以下的婴儿。使婴儿脸朝下躺在救护者的前臂上，并把前臂放在大腿上以支撑婴儿，婴儿的头部应低于躯干，在婴儿两肩胛角连线的中点处，用手掌根部用力叩击 5 次，这样可以通过异物的自身重力和叩击时胸腔内气体的冲力，迫使异物向外咳出。

(2)胃部迫挤法(海姆立克急救法)：适用于 1 岁以上的儿童及成年人。站在患者背后，手臂直接从患者的腋下环抱患儿的躯干，一手握拳，并用该手大拇指侧的平坦处对准患者腹部的中线处，正好在剑突的尖端下和脐部稍上方(大约在剑突与脐部之间的中点处)，用另一手握在拳头外，尽力有节奏地使劲向上向内推压，以促使横膈抬起，压迫肺底让其肺内产生一股强大的气流从气管内向外冲出，迫使气管内异物随气流直达口腔将其排出。

若以上方法无效或情况紧急，应立即将患儿送医院，医生会根据病情施行喉镜或气管镜下取出异物，切不可拖延。如果患儿发生心跳停止，就要对其进行心肺复苏的处理。

4. 眼内异物

大风天气，常有沙尘或小飞虫入眼，造成眼内异物。

取出眼内异物的具体方法是：让婴幼儿轻轻闭上眼睛，不可揉搓眼睛，以免损伤角膜。操作者清洁双手，若异物粘在睑结膜表面，可用干净、柔软的手绢或消毒棉签轻轻拭去。若嵌入眼睑结膜囊内，须翻开眼皮方能拭去。若运用上述方法不能取出，婴幼儿仍感极度不适，有可能是异物嵌入角膜，应立即送往医院治疗。

5. 外耳道异物

外耳道异物一般分为两种：一种是生物异物，如小飞虫；另一种是非生物异物，如婴幼儿玩耍时塞入的纽扣、豆类、石块等。外耳道异物可引起耳鸣、耳痛、外耳道炎症及听力障碍，应及时取出。

取出的方法：若外耳道异物为小昆虫，可用手电筒照射婴幼儿外耳道，或吹入香烟烟雾将小虫引出来。若不见效，速将婴幼儿送往医院。

若外耳道异物为非生物异物，可用倾斜头、单脚跳跃的方式，将异物弹出。若无效，应去医院处理。切不可用小棍捅、用镊子夹，以免造成外耳道和鼓膜损伤。

二、常见疾病早期发现与保育护理要点

疼痛、呕吐、腹泻……这些是婴幼儿在托幼机构时常出现的症状，保教人员应对婴幼儿常见症状进行了解，以便及早发现，避免延误病情，同时通过有针对性的护理，减缓婴幼儿痛苦。

（一）疼痛

1. 咽喉疼

早期发现：咽喉疼是婴幼儿的常见症状，较大幼儿会告知保教人员自己“嗓子疼”。当咽喉疼时，婴幼儿自觉有咽部干燥、疼痛等不适感，吞咽时更疼，不愿意吃东西，有的婴幼儿伴有嗓子哑。

保育护理：当婴幼儿咽喉疼时，保教人员应带婴幼儿到保健室进行初步诊断，当症状严重涉及传染性疾病时，应通知家长带婴幼儿到医院进行及时治疗；若症状不严重，保教人员应注意给婴幼儿多饮用温开水，让婴幼儿尽量少说话，避免让其进食辛辣、油炸类食物，保证其充足的睡眠，让其就寝之前不要吃太多东西，适当运动，保持心情愉快与放松。

2. 腹痛

早期发现：腹痛一般表现为肚脐周围的间歇性或持续性疼痛。婴幼儿腹痛时，基本都能主动告知保教人员，常常表现为用手捂肚子、脸色苍白、食欲减退、无精打采、不愿参加活动。

保育护理：保教人员应密切观察婴幼儿的面色、神态以及肢体状态，如症状明显应立即送保健室，让卫生保健、医务人员做进一步检查和处理，必要时通知家长带其及时去医院就诊，以免耽误病情；若判断为生理性腹痛，一般无须治疗，痛感强烈可顺时针按摩脐周并热敷，对解除疼痛有一定效果；若判断为消化不良性腹痛，要严格控制婴幼儿饮食，不让其喝冷饮，给婴幼儿提供清淡易消化的病号饭，睡觉时注意不让婴幼儿腹部受凉。

3. 关节疼

早期发现：婴幼儿在托幼机构时，经常会喊腿疼、脚疼，其中有因碰撞、跌倒等外伤引起的关节周围的红肿、疼痛等。也有生长发育引起的疼痛，痛点多位于双膝及附近肌肉，偶尔可位于大腿或双踝部，有时也可能出现上肢疼痛。一般疼痛时间比较固定，于晚间或入睡后发生。疼痛程度，个体差异性很大。婴幼儿可因疼痛突然惊醒。

保育护理：当婴幼儿因外伤发生关节疼痛时，应当及时送往保健室进行专业处理。若为生长性疼痛，发作时可局部按摩或热敷，也可以通过引导婴幼儿玩玩具、做游戏来转移其注意力。同时，还应该向其说明原因，让婴幼儿知道这种疼痛是生长发育过程中的正常现象，不必害怕。

(二)呕吐

早期发现：呕吐是婴幼儿在托幼机构常见的一种现象，由于各种原因致使胃肠道发生逆蠕动，同时伴有腹肌收缩，从而迫使胃内容物从口或鼻腔涌出。如果呕吐伴有恶心、腹痛、腹泻等消化道症状，那可能是急性胃肠炎、细菌性痢疾、腹膜炎、阑尾炎等消化道感染性疾病；如果呕吐伴有流涕、咽喉疼、咳嗽等呼吸道症状，常见于上呼吸道感染、支气管炎等；如果呕吐伴有发热、昏迷、惊厥等中枢神经系统症状，要警惕颅内感染等。

保育护理：婴幼儿在托幼机构发生呕吐时，需要注意以下几点：第一，要维持呼吸道通畅，防止呕吐物吸入；第二，要保持口腔清洁，呕吐之后会有一些胃酸及未消化的食物残留在口腔中，难闻的味道会使婴幼儿不舒服而更想呕吐，可以让其用温开水漱口，以保持口腔清洁。婴幼儿停止呕吐后，保教人员应带领其立即到保健室，向卫生保健、医务人员反映幼儿情况。必要时通知家长将其带回家休养；若卫生保健、医务人员诊断病情无碍，回班观察过程中，可要求婴幼儿减少进食，若无明显恶心、呕吐、腹胀情形，可给予婴幼儿清淡食物和适量饮水，避免食用奶制品和油腻食物。

(三)腹泻

早期发现：腹泻是婴幼儿期常见病，为一组多病原多因素引起的消化道综合征。腹泻较轻时，婴幼儿常表现为食欲减退，还会有呕吐发生，大便呈黄色或绿色稀便，有酸臭味，大便次数每天不超过 4 次，量小于 500 毫升，精神状态正常，无明显的全身症状，体温正常或稍高。腹泻较严重时，起病很急，排泄频繁，排泄时向外喷射，为水样便或蛋花样便，呈黄绿色，混有较多黏液，肛门周围皮肤发红或者表皮脱落，多有发烧，严重者体温可达 39℃，脱水症状明显，口干，皮肤干燥、弹性差，眼窝凹陷。

保育护理：当婴幼儿出现腹泻现象时，要立即送往保健室，经初步诊断后建议家长接回，及时就医，症状消失 48 小时后方能返回。如果婴幼儿在托幼机构出现轻微腹泻，那么可主要从以下几方面进行护理：第一，不让婴幼儿做剧烈运动，让其注意休息，避免情绪激动；第二，调饮食，不让婴幼儿吃油腻和难消化的食品；第三，保持臀部干净，每次大便后用温水给婴幼儿洗臀部；第四，要密切关注婴幼儿的神志、体温、脉搏、呼吸、尿量等，并关注大便形状。

三、特殊幼儿的保育要点

(一)肥胖儿

1. 早期发现

在婴幼儿入托幼机构体检及定期体检中，会发现有超重儿或肥胖儿。体重超过同年龄、同身高标准体重 10%—19% 的为超重，超过 20%的为肥胖。其中超过标准体重 20%—29%的为轻度肥胖；超过标准体重 30%—49%的为中度肥胖；超过 50%的为重度肥胖。有调查显示，有 80%的肥胖儿儿童期的肥胖会延续至成年。而肥胖是引起心血管疾病的主要因素，因此在婴幼儿期对超重和肥胖现象要加以重视，及早防治。

2. 预防措施

(1)保证婴幼儿定期参加体检，对有超重趋势的婴幼儿进行重点管理。

(2)与家长联系，指导家长科学合理的育儿方式，使家长重视肥胖的危害，与托幼机构合作共同纠正婴幼儿不良的饮食习惯和运动方式。

(3)在保证婴幼儿生长发育基本需要与食养平衡的基础上，控制婴幼儿过多摄入食物，限制甜食和零食的摄入，指导家长在饮食上多选择健康食品。

(4)让婴幼儿坚持有规律的户外体育运动，保证每天坚持做单次中等强度不少于 5 分钟的运动，整体单次户外体育运动时间不少于 45 分钟。

(二)弱视儿

弱视是指眼球没有器质性病变，视力低下，经矫正后仍达不到正常值。弱视患病率为 3%—5%，其中儿童患病占大多数。弱视是常见的危害性较大的儿童视觉发育障碍性疾病。

1. 早期发现

托幼机构每年会对婴幼儿进行至少一次的视力检查，婴幼儿视力的正常标准是 3 岁达到 0.7，4 岁达到 0.8，5 岁达到 1.0，若复查后幼儿视力仍然低于此标准，并经医院确认，则为弱视。婴幼儿出现弱视时，常有以下表现：不能注视物体或不会追随灯光转动眼球，提示婴幼儿双眼视力较差；喜欢歪头看电视，这是由斜视(有内斜视、外斜视、上斜视等)引起的，称为眼性斜颈，有频繁地眨眼、流泪、眼分泌物多等症状，应考虑婴幼儿是否有其他眼部疾病。

2. 预防措施

平时，保教人员在婴幼儿生活和学习活动中，应时刻做好保护婴幼儿视力的工作，具体包括以下内容。

(1)室内光线要充足，指导婴幼儿不在光线过强或过暗的环境下看书、画画。

(2)培养婴幼儿良好的看书、画画姿势。眼与书本之间保持 30—35 厘米的距离，一次连续看书、画画时间不超过半小时。

(3)应让婴幼儿在距离屏幕大于其对角线 5—7 倍的位置看电视，连续看电视时间不宜超过 0.5 小时，尽量不让其看手机、平板电脑等电子产品，如果要看，时间应控制在 10 分钟以内。

(三)体弱儿

1. 早期发现

体弱儿包括患有下列疾病的婴幼儿：营养性缺铁性贫血、维生素 D 缺乏性佝偻病、营养不良、反复感染(呼吸道、肠道感染)、先天性心脏病、癫痫、神经发育迟缓、其他先天性畸形等。

2. 预防措施

(1)要加强对体弱儿的生活护理，细心观察婴幼儿精神、饮食、睡眠、大小便等身体健康状况，协助卫生保健、医务人员坚持做好体弱儿个案记录和观察记录。

(2)针对不同体弱儿的身体情况，做好个别照顾工作：对于营养不良及营养性缺铁性贫血的婴幼儿，分餐时要注意营养素的补充，调整一日生活，可以适当增加睡眠时间；对于食欲不佳的婴幼儿要耐心对待，保证婴幼儿吃好、吃饱，纠正不良的饮食习惯；对于反复感染的婴幼儿要注意根据天气冷暖增减衣服，特别是在季节交替时期做好保暖工作，减少可能的致病因素；对于有哮喘史的体弱儿要避免剧烈运动，可让其参加一些轻松愉快的活动。

(3)及时与卫生保健、医务人员及家长交流体弱儿的情况，做好家校配合工作。

做一做

如何帮助肥胖儿进行有效运动？

单元练习

一、单选题

1. 婴幼儿烫伤了，首先应立即远离受伤现场，并用(　　)冲刷患处 10—15 分钟，根据受伤的不同程度及时处理。

A. 温水　　B. 冷水　　C. 酒精　　D. 生理盐水

2. 婴幼儿无意中常将小物件塞入鼻孔，如豆粒、果核、橡皮等，异物造成鼻塞时，应当(　　)。

A. 立即用手抠出来　　B. 立即用镊子夹出来

C. 用擤鼻涕的方式擤出来　　D. 使劲吸，然后使其进入消化道

二、多选题

1. 婴幼儿在园所发生呕吐时，处理步骤包括(　　)。

A. 要维持呼吸道通畅，防止呕吐物吸入

B. 要保持口腔清洁，呕吐之后会有一些胃酸及未消化的食物残留在口腔中

C. 保教人员应带领其立即到保健室

D. 必要时通知家长将其带回家休养

2. 擦伤(擦破表皮，伤口渗血)的正确处理方法包括(　　)。

A. 用生理盐水清洗创面　　B. 冷敷

C. 涂抹碘酊　　D. 不需包扎

三、判断题

1. 婴幼儿可以携带弹珠和喜爱的食物入园。(　　)

2. 卫生保健、医务人员已经为婴幼儿认真晨检过，所以班级教师没有必

要重复检查。（　　）

四、论述题

1. 如何处理鼻出血？

2. 扭伤后应如何处理？

课后练习答案

思考与练习

一、案例分析题

爸爸与甜甜喜欢玩“抛花生米”的游戏，爸爸抛出一颗花生米，然后站在前方的甜甜张开嘴来接住花生米。一开始在很近的地方抛，甜甜很容易就吃到了花生米。爸爸觉得很有意思，然后逐渐在远的地方抛。一天，当父女俩玩得正高兴的时候，突然，甜甜尖叫一声，眉头紧锁，张着嘴拼命大口呼吸，然后跌倒在地，脸色逐渐发青。如果你在现场的话，那么你会怎么帮助甜甜？怎么做才能预防此类危险的发生？

思考与练习答案

二、实践练习

正在上课的时候你的同学流鼻血了，请问你会怎么帮助他止血？

单元测试题

教师资格证考试模拟测试题

单元四　托幼机构教师的沟通与表达

学习目标

1. 了解教师与婴幼儿在教学和日常生活中的常用沟通与表达策略，掌握与婴幼儿沟通的方法。

2. 熟悉与不同类型、不同年级家长的沟通方法，掌握与婴幼儿家长沟通的技巧。

3. 能正确认识和处理与领导、同事之间的关系，掌握与领导、同事沟通交往的方法。

单元导读

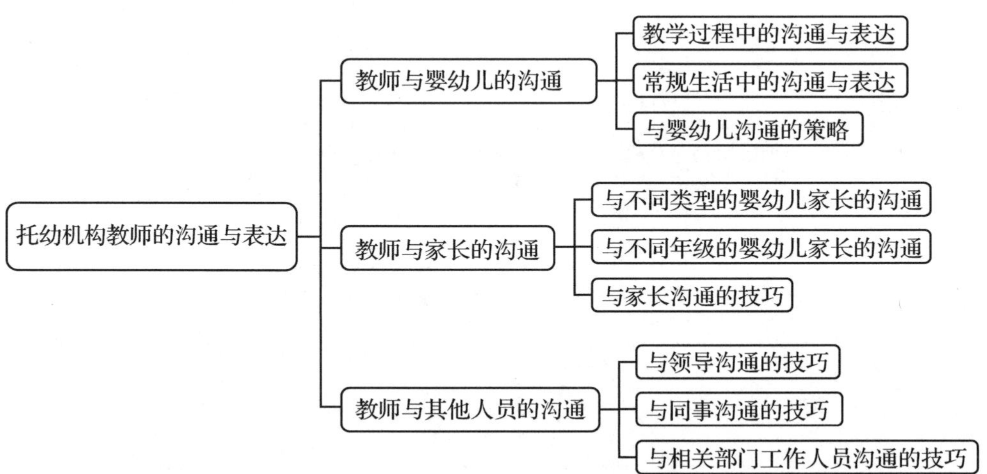

卡耐基说："和谐的人际关系是一笔宝贵的财富。"人际关系在人的职业生涯发展和日常生活中起着举足轻重的作用，处理好人际关系不仅仅是保持人的心理健康的需要，更是事业成功不可或缺的前提条件。

人际交往中的沟通与表达是影响人际关系的重要因素。作为未来的幼儿教师，是否能够恰当自如地与他人进行沟通交流，不仅影响自身的学习与生活，而且影响未来工作的开展。本单元的学习会帮助同学们了解关于托幼机构工作情景下的人际交往的理论和方法，帮助同学们正确分析和处理工作中人际交往的常见问题。

典型案例

一次观摩课上，王老师提出了一个问题：“玻璃杯中有一个乒乓球，有多少种方法可以把乒乓球取出来呢?”一只只小手纷纷举起，叽叽喳喳地说：“用水灌出来!”“用筷子夹出来!”“用手抓出来!”“直接倒出来!”……幼儿的回答，看来都在教师的预料之中。当教师准备作总结时，亮亮站起来大声说：“我把杯子摔破，乒乓球不就自己出来了吗?”他一边说一边比画。

这真是一个与众不同的想法，王老师怎么回应，才能既保护幼儿的创新思维又能对幼儿加以正确的引导呢?

第一课　教师与婴幼儿的沟通

师幼关系是教师与婴幼儿在教育教学过程中为完成一定的任务，以教与学为中介而形成的一种特殊的社会关系，是托幼机构最基本的人际关系。和谐的师幼关系能够激发教师主观能动性，有利于促进教师良好道德品质的形成与提升，也是教师做好教育教学的基础。和谐的师幼关系也有利于促进婴幼儿健全人格的形成，使教与学在良性互动中提高实效。

师幼互动是教师与婴幼儿进行有意识的、有目的的沟通和交流。但很多教师并不知道如何与婴幼儿展开高质量的沟通与交流。良好的师幼沟通意义重大，不仅对婴幼儿的学习发展有帮助，而且对教师的教学能力的提升、专业能力的促进、教师的自信心和积极性的提高都有益处。下面介绍一些不同情境中可以借鉴的师幼互动中教师的沟通与表达方法。①

一、教学过程中的沟通与表达

在教学活动中，良好的师幼互动可以拓展婴幼儿的思维，丰富他们的知识。但前提是教师已经了解：对于婴幼儿现在呈现什么样的内容合适；婴幼儿下一步准备学习什么；怎么样才能使婴幼儿的学习更有意义。所以教师应当扎实学习婴幼儿心理学，把握婴幼儿不同年龄阶段的发展水平，可以使教师在沟通中准确把握婴幼儿的已有经验与现阶段心理发展需求。在此基础上，使用以下策略会事半功倍。

下面介绍几种教学过程中托幼机构教师教学中可以借鉴的沟通与表达的策略。

---

① 由于婴儿主要涉及 0—1 岁的儿童，我们把婴儿与托育机构人员的互动也放在师幼互动的关系中去考量。

(一)引导婴幼儿说出自己的想法或注意别人的想法

虽然1岁时大部分婴儿还停留在单个词语的表达上，但大部分婴儿对语义的理解很早就开始了。所以，即便婴儿不会说，托幼机构的教师也应当注意在婴儿面前的语言表达。引导婴幼儿说出自己的想法，可以让教师更加理解婴幼儿当前的学习准备状态，进而根据婴幼儿实际情况展开接下来的教学设计。教师可以参考以下句式来探求婴幼儿的内心想法。

(1)使婴幼儿意识到并表达出自己内心的想法，邀请他们大声说出自己的想法。比如：

“你在想什么呀?”

“告诉我你在想什么，好吗?”

“你是不是在想家里的小狗啊?”

(2)帮助婴幼儿注意别人的想法时，教师可以说：

“这就是我的想法。”

“我们听一下明明小朋友对××是怎么想的，好吗?”

(3)鼓励他们尝试新的、不同的思考方式，教师可以说：

“你还有别的想法吗?”

“为什么这些是相同的?”

“还有其他的原因吗?”

为了让婴幼儿更多地表达自己的想法，教师还可以：多用“想”“思考”“考虑”这些词语；直接提出问题，邀请婴幼儿分享想法；平时就可以多用手势等来表达自己的想法；在提出问题后给婴幼儿留出足够的时间思考和回应；注意观察婴幼儿进入思考时的状态，及时展开互动；帮助婴幼儿养成先思考再回答的习惯；把自己的思考过程分享给婴幼儿。

典型案例

老师和四岁的小花依偎在图书角里看一本数数书。在数字1那一页有一个物体，数字4那一页有四个物体，翻到数字8时，小花的眼睛一亮。

老师：小花，你看起来很高兴，在想什么呢?

小花：有这么多呀，1、2、3、4、5……(不用手指开始说，但是出现了停顿。)

老师：是的，8是个大数。如果想数完的话，你觉得应该怎么开始数呢?

小花：我觉得我们应该慢慢数。

老师：为什么你认为我们应该慢慢数呢?

小花：这样数，不会乱。

老师：所以你认为慢慢数就会有条理。这是一个很好的方法，小花。我也在想我们是不是可以用手指着来数。

小花：对，这个主意好，老师！

(二)一起解决问题

除了提问，教师还可以在与婴幼儿一起解决问题的过程中促进婴幼儿的发展。在一起解决问题的过程中，教师可以使用的策略如下。

1. 多使用“问题”这个词，比如：“让我们来讨论一下这个问题吧！”

2. 利用日常的问题提问。比如，卫生间的肥皂不够了、某种颜色的彩笔用完了、水龙头坏了、因为游戏规则发生争吵、书页被撕坏、物品丢失、物品乱糟糟的等。这些都是常见的问题，可以通过讨论，在日常生活中提高婴幼儿解决问题的能力。

即便是日常的问题，教师也可以提供一些富有挑战性的解决方式让婴幼儿尝试，比如，让他们用尽可能多的方法对玩具进行分类、玩积木时尝试搭建以前从未搭过的东西。再如，讲三只小猪故事的时候，提问“如果这三只小猪是三条小鱼，那么它们会怎样造房子呢?”这样的问题，对于培养婴幼儿的创新意识很有帮助。

3. 提供有趣的、真正需要解决的问题，尽量减少低水平的提问。比如：提问答案是“是或不是”或显而易见的答案：“那辆车有几个车轮?”或者只有唯一答案的问题，比如“你几岁了?”婴幼儿对这些问题的回答，可以说明婴幼儿能理解问题，能辨认颜色形状等，但这些问题无法给婴幼儿提供深入思考的机会。

(三)帮助婴幼儿完成同化与顺应的过程，建构属于婴幼儿自己的认知体系

为了使婴幼儿顺利完成认知体系的完善与新建，教师可以采用的策略有：

1. 在朗读故事时将故事内容与婴幼儿个人的生活经历之间建立联系，比如：“你坐车的时候系过安全带吗？故事中的小女孩不想系安全带，她的妈妈是怎么做的呢?”

2. 在新的材料和熟悉的材料之间建立联系，比如：“这是要放在积木区的一些新积木。这些新积木与其他积木有相同的吗？有哪些是不同的？哪里是不同的呀?”

3. 在新词语和熟悉的词语之间建立联系，比如，教师在讲故事以后说：“故事中的这只小熊刚才说他筋疲力尽了，你以前在哪儿见过这个成语吗？比如，你和爸爸一起去游乐场玩了一天后回到家，可能真的觉得很累，一点也

不想动了。这时，你就可以说：‘啊，我感觉自己筋疲力尽了，需要休息一下。’你可以试着说一下，筋疲力尽！”

4. 通过提问一些问题，引导婴幼儿把熟悉的经历与新的知识和理解联系起来。比如，教师可以这么说：“这让你想到了什么？你在其他地方见过吗？”“这个小兔子让你想起了谁？为什么？”

按照布鲁姆的目标分类方法，教师可以运用提问拓展婴幼儿的思维和学习。下面提供一些提问的句型供教师在提问时参考，教师可以在这个基础上变换句式。

(1)级别 1：记忆(识别、命名、点数、重复、回忆)

这个是什么？

这是什么颜色/形状/味道？

有多少个________？如：今天班里有多少个小朋友穿了蓝色的裤子？

你对________记住了哪些？如：《蜗牛与黄鹂鸟》这首歌里都提到了哪些动物？

请找一找________。如：请找一找图上有几匹小马。

(2)级别 2：理解(描述、讨论、理解、总结)

先/接下来/然后/最后发生了什么？

可以告诉我有关这个故事/积木/画画作品/人物的事情吗？如：你是怎么搭成这个城堡的？画里的小朋友正在做什么？

你打算如何对________进行分类？如：你打算如何把这些玩具分类？

(3)级别 3：应用(解释原因、表演、建立联系)

你为什么那样________呢？如：你为什么那样结束故事呢？

你在生活中，见到过________吗？

如果你把________，会怎么样？如：如果你把玻璃球放到水里，那么会怎么样？

如果你在家里不开心的时候，你的妈妈会做什么让你感觉好受一些呢？

(4)级别 4：分析(识别不同点、尝试、推测、比较、对比)

你觉得这个人物(朋友、动物)怎么样？为什么？

开头和结尾有什么不一样？

和刚开始的时候比，这个看起来有什么不一样？

这个故事是真的还是假的？你是怎么知道的？

我们怎样用这些材料/积木来让你的作品立起来呢？

(5)级别 5：评价(表达观点、做出判断、争辩/评论)

他能用什么不同的方法来解决这个问题？

你觉得故事中的人的做法正确吗？为什么？

你最喜欢哪个动物(故事、图画)？为什么？

你同意故事的结局吗？为什么？

你如何评价你的画(朋友的行为、刚出生的妹妹、爸爸的离开)？

(6)级别6：创造(制作、建构、设计、创作)

我们怎样解决这个问题？

你能做一个东西来存放铅笔(把车拉出来、防止动物逃跑)吗？

围绕这个主题，你能编一个什么样的新故事？

对于创作这个拼贴画，你有什么主意？你想用哪些材料来做？①

(四)恰当的提问

托幼机构的教学活动中，教师提问是一种被广泛应用的重要教学手段，是师生最直接的互动形式。

首先，问题必须有针对性和启发性，提问要针对一定的目标设计，要针对婴幼儿的年龄特点。其次，问题的表述要适合婴幼儿的年龄特点，不同年龄段的婴幼儿言语水平不同，因而对问题的理解能力也不一样，教师要注意调整词汇和句子结构，要符合婴幼儿的语言和认知水平。

典型案例

在一次托班“有趣的薄荷糖”活动中，教师先给每个小朋友嘴里喂了一些薄荷糖，小朋友很开心地品尝薄荷糖。

师：你们吃的是什么糖？

幼：薄荷糖。

师：薄荷糖在你嘴里干什么呀？(老师的意图是要小朋友说出薄荷糖凉凉的。)

小朋友看着老师，没人回答。于是老师又连续问了好几遍，小朋友从一脸的茫然到注意力渐渐分散。此过程浪费了不少时间。

如果我们把上述问题改成“薄荷糖在你嘴里的感觉像什么呀”这种比较具体、口语化的语言，再配上发抖的动作和表情。老师又引导出冰冰凉凉的感觉，孩子们就更容易理解。于是，孩子很自然地就把薄荷糖与自己生活经验结合。所以，对托班的幼儿提问，不仅仅要简单、具体、幼儿能够理解，有时为帮助理解，还可以辅助一些动作。

① [美]Janis Strasser，[美]Lisa Mufson Bresson：《小脑袋，大问题——促进幼儿深度学习的高水平提问》，孟晨译，165页，北京：中国轻工业出版社，2019。

其次，提问要灵活应变。教学过程是一个动态的变化过程，这就要求教师的提问要灵活应变。婴幼儿由于年龄小，思维很容易受别人的影响，常常会出现跟风的现象。如果在这种情况下，不及时调整提问策略，教师不仅得不到正确的答案，而且会很浪费时间。

典型案例

在大班的一次活动中，老师提问："小朋友，当你不高兴时，你会怎样?"一个小朋友说："妈妈骂我，我不高兴。"

教师以为小朋友没听清，把问题又强调了一遍，可是，另一个小朋友还是这样回答："别人打我，我不高兴。"

尽管教师一次又一次地重复提问，但是小朋友还是回答自己不高兴的原因。可见，后一个小朋友的回答是受前一个小朋友回答模式的影响。

后来，教师就说："我不高兴的时候，我就噘嘴，你们不高兴时会怎样呢?"

这样一问，小朋友马上明白了，有的说"我会哭"，有的说"我就上床睡觉"，有的说"我就躲在角落里"等。

提问是一项比较复杂的教育技能，教师恰到好处的提问有助于激发婴幼儿的求知欲，培养婴幼儿思维的积极性和主动性，使婴幼儿在愉悦中获取知识，给教学活动增添无穷的魅力。教学提问的设计技巧，看似随机应变，实际上功夫在"教学活动"外，它要求教师既备教材、教法，又要备学生，还要有一定的教育机智。判断恰当的提问时机，及时调整成一个合理的问题表述，是教师认真学习教育科学理论、按照教学规律不断改进教学活动的结果。

教师对问题的表述方式应当遵循因材施教、因人而异的原则。对于难度和灵活性较大的问题可以问思维活跃的婴幼儿，他们经过思考回答，有助于启发全体婴幼儿的思维。基础及综合性的问题，可以巩固教学效果，这种问题可以提问谨慎型但配合度较高的婴幼儿，这样做既可以增加他们的自信，又可以吸引大部分婴幼儿的注意、调动全体婴幼儿的积极性。对于一些难度不大，经过认真思考能够回答出的问题，就请年龄较小、不太自信的婴幼儿来回答，这样可以帮助这些婴幼儿锻炼勇气，提高学习兴趣。根据问题难度、性质、特点，提问不同的婴幼儿，使每个婴幼儿都得到锻炼和适宜的发展。

典型案例

科学课上，张老师给孩子们讲述有关磁铁的知识："磁铁是很调皮的，当遇到喜欢的铁质小东西时，它就会把它们吸走哦!""磁铁还具有穿透性，它可以隔着水杯将里面的回形针给吸出来。”“磁铁还具有指南、指北的功能哦!”……一系列磁铁的特性被张老师像倒豆子似的一股脑儿地全给倒出来了，再看孩子们，他们眼里充满了迷茫。最后，教师给孩子们发了一些操作材料，对他们说：“现在，请大家拿起手中的材料，按照老师刚刚讲的方法去操作，看看磁铁是不是具有老师讲的这些特性。”

案例中孩子们为何会出现迷茫的表情？如果你是张老师，在这节科学课上，会如何设计你的教学语言？

二、常规生活中的沟通与表达

(一)准确清晰的语言

在日常生活中，教师与婴幼儿的沟通主要用于维护纪律，规范行为和情感交流。与教学语言不同的是，日常生活中，对教师的语言更强调准确清晰地表达。

这不仅仅要求教师在交谈中应当发音清晰，语速适中，字正腔圆，使用标准的普通话，方便婴幼儿了解发音的规范，还要求教师的表情和肢体语言的规范性配合。

为了使婴幼儿生活活动避免无序低效，教师在维护纪律和规范婴幼儿行为时，应当遵循以下原则：(1)行动迅速；(2)公平公正；(3)确保婴幼儿身体和情感上的安全；(4)关注每个婴幼儿；(5)当婴幼儿出现不恰当行为时，及时提供引导。

有时候教师的语言表达内容比较模糊，婴幼儿无法理解，会导致无效沟通。在一日生活中的很多事情，比如排队做操需要讲求秩序。教师说：“请小朋友们站齐向左对齐。”有些婴幼儿不理解站齐是什么意思，与什么对齐，眼睛左看又右看，不知应当如何移动。有经验的教师会说：“请小朋友与你左手边的同学站齐，你的脚和左边小朋友的脚都踩在同一条线上。”“请小朋友把手放在前面同学的肩膀上，排队站好。”“自己的脚与同伴齐平，自己的手放在同伴肩膀上。”这样的表述方式会帮助婴幼儿明确应当如何执行教师的指令，这也是为什么很多托幼机构会在地上画线或者画点，因为这样做可以更快地调整队形。教师们会说：“请小朋友都站在这条直线上。”“请小朋友站在黄色的点点上。”

有时候虽然教师的语言表述得很清楚，婴幼儿也听懂了，但会有一些婴幼儿不太当回事，以为在跟他们玩。出现这种情况，主要原因是教师没有把说话的内容、语气、表情和肢体语言统一起来。如果用微笑和温柔的语气说严肃的问题，那么可能会让婴幼儿感到混乱。正确的做法是，当教师需要向婴幼儿传达严肃的消息时，要配合用相对严肃的语气。有必要时，教师可以配合严肃的表情和肢体动作。比如，婴幼儿坐在椅子上时双手拽着前面的桌子，整个身体向后倾，使座椅前端悬空，只留下两只椅子腿支撑，这种情况在托幼机构很常见，如果婴幼儿不注意，那么很可能会连着椅子摔倒，非常危险。如果此时教师面带微笑，温柔地告诉婴幼儿："不可以这样做哦！"他们就不会明白其中的严重性。婴幼儿的危险行为一旦停止，教师就要及时调整语气。上面提到的问题中，确认婴幼儿理解教师的话以后，教师需要面带微笑，用温柔的口吻向婴幼儿提出建议，并引导他采取正确行动。

使用清晰、明了、易懂的语言，还可以更好地规范婴幼儿的行为。教师对婴幼儿行为的介入有很大的情境性，同样一件事，可能因为人物和起因不同，教师做出不同的决定。但婴幼儿无法理解这种情境性，所以有时这种模棱两可的话语，或者搭配不当的话语、肢体语言、说话语气等因素都会使婴幼儿陷入迷茫：究竟怎么做才是对的？这就导致有时即便教师有着明确的教育目的，如果表达不当，也会使婴幼儿陷入迷茫和混乱中。

比如，在教室里教师经常会说："不要打闹，不要乱跑。"但户外活动时，教师又会说："小朋友们，跑起来！"有时婴幼儿会迷惑：为什么有时候老师不让我们跑，有时候又让我们跑起来呢？如果变成"在教室里不要乱跑！"和"现在是运动时间，请小朋友们在操场跑起来！"这种表述会更好。

再如，如果教师见到两名婴幼儿发生推搡，为了制止这种争执，那么可能会说："在幼儿园里，我们不能打我们的朋友。"这样的表达因为缺乏明确的指向，容易使打人的婴幼儿变得迷惑：老师说的"我们"是谁？老师没打人啊？老师想让我们干什么？

如果此刻两个人继续扭打，教师就会容易变得生气，认为两个婴幼儿不听话。但其实可能只是婴幼儿没有明白老师的话外之音。如果在一开始，教师就说："住手，你会伤到小伙伴的。"效果会好很多，不仅可以帮助婴幼儿理解教师想让他做什么，而且可以让婴幼儿理解教师这么做的原因。

做一做

教师对婴幼儿的礼貌用语有哪些？请和你的同学一起讨论整理。

如：不着急，咱们一起试试。你真是一个有礼貌的好孩子。这个想法不错。你邀请老师一起玩，老师太高兴了。想想看，还能怎么样？你们觉得怎样做会更好？有什么事和老师说吧。你真爱动脑筋，老师真为你高兴。没关系，再仔细想想。请你来回答这个问题，请坐下。老师相信你一定行。

(二)不断的重复

婴幼儿自我控制能力和社交技能的形成需要大量练习，婴幼儿所有行为规范的形成与内化也需要相当长的时间，因此需要教师不断重复的示范和提醒。婴幼儿的成长是螺旋式上升的，有时偶尔还会有退步，但整体趋势是向好的。坚信这一点能让教师在工作中更有耐心和信心。

当教师用自己的行为作为示范言传身教时，效果会更好。比如，当婴幼儿控制不住自己的脾气打人时，教师没有对婴幼儿采取失望、孤立、冷暴力的方式，而是一遍又一遍地向婴幼儿重复："我不能让你打人，打人会伤害别人。如果你不想和他说话，你要告诉他，让他别打扰你。"

然而，实现这个目标需要经历很长一段时间，它需要耐心、技能和相互理解。当婴幼儿还没有学会理解和控制自己情绪的时候，教师必须接受和理解婴幼儿情感的强烈性以及他们薄弱的控制情感的能力。教师可以斟酌字句，反复解释给婴幼儿理由并描述正确的方式，理解婴幼儿无法用语言表达，只能通过动作来表达情绪的那种愤怒和沮丧的感觉。

(三)对婴幼儿的好奇心做出及时的回应

对婴幼儿的好奇心做出及时的回应不仅对婴幼儿的发展十分有益，而且有助于师幼之间建立良好的信任感。想要对婴幼儿的好奇心做出及时的回应，前提是教师能够识别出婴幼儿产生好奇心的表现。每个年龄阶段的婴幼儿对事物好奇时的表现各不相同：

1 岁以前，婴儿的好奇心可能表现为盯着看，或向发出声音的方向看；伸手去拿玩具，拿到后放进嘴里咬。

行动稍微自如以后，幼儿的好奇心可能表现为：在床上掀开毛毯，翻找自己的玩具熊；弯下腰去闻一朵花。

等幼儿开始上幼儿园，好奇心的表现可能是：指着不认识的东西，问"这是什么?"；看到金鱼在水里游，问"金鱼为什么不睡觉?""偶尔是谁？为什么偶尔能吃棒棒糖，我不能?"。

这些看似童趣的背后，其实都是婴幼儿对事物好奇的表现。婴幼儿产生好奇心的时候，正是他们展开学习的好机会。此时教师可以采取如下策略。

(1)告诉婴幼儿你看到他在做什么。比如："我看到你在观察这朵花。"

(2)对婴幼儿的好奇表示赞赏，比如："你观察得好细致，真是一个认真的宝贝!"

(3)参与到婴幼儿所好奇的事物中，比如："我也和你一起看吧!"

(4)引导婴幼儿将发现与经历联系在一起，比如："这朵花有没有味道?

以前你闻过的花都香吗?"

(5)鼓励婴幼儿注意细节，比如："这朵樱花每个花瓣上面都有一个小豁口呢，其他的是不是也这样?"

(6)问一些开放性的引导式问题，多使用"为什么""怎么办"句式，比如："为什么你觉得小金鱼不睡觉呢?"

(7)不直接回答幼儿的问题，帮助他们去思考并找到答案，比如："这是个好问题，你是怎么发现的呢?"

(四)增加语言的趣味性，适当借助儿歌和童谣

所有的婴幼儿生来就有笑、开心地玩耍和带给他人快乐的能力。开心和愉悦可以使人释放健康的内啡肽，减少人的心理压力，提升人的幸福感，对于婴幼儿的心理健康大有裨益。所以教师也应尽可能地把婴幼儿需要做的事变得有趣和吸引人，这样他们不容易感到无聊和抗拒，就更愿意参与到活动之中。有时，教师可以把生活活动引入游戏，比如刷牙时，问小朋友："小兔子是怎么刷牙的? 我们一起模仿一下。小老虎是怎么刷牙的呢? 我们再来模仿一下吧!"

幼儿喜欢夸张的故事、笑话和谜语。比如，模仿刷牙时，可以提前在口腔模型里放一个单独的牙齿，大力刷牙时假装牙齿痛。模仿小兔子说："哎哟哎哟，我的牙齿哪里去了，怎么刷着刷着不见了?"然后把那个单独的牙齿拿出来，做恍然大悟状："原来刷牙力气太大了，牙齿被刷掉一颗。"幼儿会觉得非常有趣，同时也会记住，刷牙的力气不可以太大。当他们展现出幽默感时，教师不妨尝试和幼儿一起放声大笑，这些开心的时刻会成为教师和幼儿共同的回忆。

教师可以锻炼自己把每一次日常活动都变成一件有趣的事。如果一开始有难度的话，那么教师可以借助有韵律和节奏的儿歌和童谣。有很多以日常生活为主题的儿歌，比如穿衣歌、洗手歌、数数歌等。这些儿歌可以帮助幼儿更好地记忆日常生活中自我照顾的步骤。比如，洗漱环节就有很多儿歌可以使用：

挽袖口

小袖子呀爬高山，一爬爬到胳膊中间，

袖子高高露手腕，洗洗小手真方便。

漱口歌

手拿花花杯，喝口清清水。

鼓起腮，闭起嘴，咕噜咕噜吐出水。

知识拓展：著名的斯坦福棉花糖实验

擦小手

小毛巾，手中拿，

先擦小手心，再擦小手背，

手腕胳膊最后擦，再把毛巾送回家。

在日常生活中教师可以反复吟唱儿歌，帮助幼儿形成良好的生活习惯。

另外，婴幼儿的思维具有具体形象性，需要依赖表象和具体形象进行思考，同时也需要具体操作等感官辅助。因此，教师要善于使用语言创造直观形象，帮助婴幼儿理解各种抽象的事物、词语和概念。教师可以用拟人、比喻、夸张的手法施展绘声绘色的语言技巧，刺激婴幼儿的感觉器官，激发他们的想象力。

三、与婴幼儿沟通的策略

(一)沟通前的准备工作

教师与婴幼儿的沟通，一定是建立在对婴幼儿的了解基础上的。因为婴幼儿的性格特点、生活背景不同，决定了与人交流的方式不同。每个婴幼儿的性格都是不一样的，有随和的有灵活的，有慢热的和小心谨慎的，也有热情和活跃的。不同的性情决定了他们人际交往的习惯不同。而且每个婴幼儿的兴趣爱好也不同，婴幼儿喜欢做什么不喜欢做什么，这是教师在平时的观察与互动中就要有所了解的。

教师平时可以观察婴幼儿的行为、所言、所思中有什么有趣的和有意义的东西或事情，让婴幼儿知道你在观察他，对他感兴趣，并让婴幼儿想要参与到其中去。但同时，我们也要尊重婴幼儿的拒绝，不要强求婴幼儿一定参与其中。当婴幼儿出现以下信号的时候，说明他正在对你敞开心房，建立信任感。此时教师与婴幼儿互动，多半不会被他拒绝。

当他看着你对你微笑时；当他要抱你或者要你抱他、看他时；当他继续玩但是会时不时地用目光找你，高兴地看你时；当他邀请你和他一起玩时；当他向你展示或告诉你某样东西时；当他问你问题时。①

这些时刻可以好好把握，都是走进婴幼儿内心世界的好时机。

(二)师幼互动的沟通策略

教师想与婴幼儿建立有效的互动，可以采取以下几种策略。

1. 偶尔慢下来，关注与婴幼儿在一起的时光

举例说明：教师在等待全班同学都吃完饭的过程中，扫视一圈，看到牛

① ［美］Amy Laura Dombro，［美］Judy Jablon，［美］Charlotte Stetson：《有力的师幼互动——促进幼儿学习的策略》(第2版)，王连江译，37页，北京：中国轻工业出版社，2021。

牛吃完后，已经走到手工区的桌子边坐下了。教师决定坐下来与牛牛进行一次师幼互动。他们一起坐到桌前，当牛牛用手指搓绿色橡皮泥时，教师微笑并注视着他。过了一会儿，教师把一个模具放到牛牛旁边的桌子上。

这个时候牛牛可以感受到“老师喜欢我”“她关注我”“老师认为我很重要”“老师在意我在做什么”等，牛牛的内心会是愉悦的，对教师的信任感也会增加几分。①

2. 了解婴幼儿

有时候对婴幼儿的了解可能是在无意识间完成的，但教师也需要有目的地去了解。比如，教师可以观察婴幼儿的行为，做好记录，用以评估婴幼儿的发展与学习情况，与婴幼儿的家人沟通了解，交换信息。这种了解是相互的，在了解婴幼儿的同时，婴幼儿也会以不同的方式给教师回应，方便教师对婴幼儿的个性特征有更深入的理解。

3. 尊重婴幼儿，用心倾听婴幼儿

倾听婴幼儿本身就是一种尊重婴幼儿的表现。通过倾听，教师是在用行动真切而热情地向婴幼儿传递着这样的信息：“我在乎你”“你很棒”“我对你很关注”“我喜欢你”“我想知道你在做什么、想什么”。

除了对婴幼儿语言上的倾听，还应注意婴幼儿的声音、手势、面部表情和动作，这也是倾听的一部分。即便是对语言表达不完善的婴儿，教师也一样可以“倾听”。

举例说明：8个月的安安在被换尿布的时候，把一片新的尿布举在自己面前。她看到了老师的眼睛，老师的表情显示出自己在“倾听”她想要表达的“话”，这样教师就与她建立了联系。“我看见你了，你是要告诉我你想玩躲猫猫吧？这是你最喜欢的游戏，对不对？”然后教师轻声说：“现在我要帮你换尿布啦。”教师一边给安安换尿布，一边跟她玩躲猫猫。

教师可以采用的倾听方式如下。

(1)坐下或蹲下，以保持儿童视角。

(2)给婴幼儿时间，在婴幼儿表达的间隙，不要担心出现沉默冷场，不着急插嘴。

(3)用眼神表示关注或点头示意，让婴幼儿知道教师在听。

(4)承认婴幼儿的感受，理解他的感受，不试图立刻转移婴幼儿的情绪。

(5)让其他婴幼儿学习等待，和教师一起倾听，同时要对他们的耐心等待

---

① [美]Amy Laura Dombro，[美]Judy Jablon，[美]Charlotte Stetson：《有力的师幼互动——促进幼儿学习的策略》(第2版)，王连江译，43页，北京：中国轻工业出版社，2021。

表示感谢，建议他们互相帮助。①

4. 使用生活化、通俗化的语言

婴幼儿理解能力较弱，教师的语言应当尽可能的简单直白，多用短句。句子不宜过长，不用复杂句和并列句，反问句不宜过多。婴幼儿有意注意时间短，瞬时记忆不发达，太长或太复杂的句子会容易"听了后面的、忘了前面的"。比如教师在教儿歌时的提示语："请小朋友认真听儿歌，听完后找出儿歌《春天在哪里》中描写的有关春天的景物。"课堂会显得沉闷，教学效果会受到影响。教师将提示语换成"这首儿歌里写到的春天的景物可多啦！小朋友要一边听一边想，春天到底在哪里呀。我们一起把儿歌里的春天找到"这样的表达，语音上抑扬顿挫，内容上通俗易懂，更利于婴幼儿理解和接受。

交谈时使用婴幼儿熟悉的，贴近婴幼儿生活的语言，重要的内容可以使用夸张的语气，语调轻柔缓慢。这能使婴幼儿听得懂、易接受、易理解。

5. 使用丰富的词汇，扩充婴幼儿的词汇量

婴儿早期语言使用的数量对于个性塑造十分重要，在婴儿期听到更多词汇的婴儿在上学后表现会更好。教师只需要增加一点和婴幼儿沟通的用语，他就会增加更多倍的用语数量。可以说，词汇量影响着幼儿的阅读质量。婴幼儿对于他人说的话，以及对于数学、科学、社会研究等的理解程度如何，词汇量是核心。幼儿的词汇量越多，对阅读内容理解得就越好。

因此，教师应当注意，在使用婴幼儿熟悉的语言基础上，有意识地增加一两个陌生词语，避免使用单一的词汇与婴幼儿对话，重视与婴幼儿对话的过程对促进婴幼儿认知发展的重要意义。教师在与婴幼儿的沟通中，丰富婴幼儿的词汇。

铸魂育人

尽管教师职业道德规范包括很多方面，但都是在教师与婴幼儿、教师与家长、教师与同事之间的交往中，在托幼机构的一日保教活动中体现出来的。托幼机构教师的教育对象是身心发展迅速、可塑性强、易受伤害的婴幼儿，这更需要师德高尚，具有良好的职业道德修养的教师，要富有爱心、责任心、耐心和细心，热爱婴幼儿，并给予婴幼儿精心的呵护和教育培养。《幼儿园教师专业标准(试行)》对幼儿园教师必须具备的教育教学能力，特别强调幼儿园教师要具有观察了解幼儿、掌握不同年龄段幼儿身心发展特点和个体差异的能力；具备对幼儿的激励与评价等基本专业能力；能根据幼儿的特点和需要，

① [美]Amy Laura Dombro，[美]Judy Jablon，[美]Charlotte Stetson：《有力的师幼互动——促进幼儿学习的策略》(第2版)，王连江译，57页，北京：中国轻工业出版社，2021。

给予适宜的指导，并能引发和支持幼儿的主动活动，引导幼儿在游戏活动中获得多方面的发展。这些都与教师的沟通与表达能力密切相关。对教师的专业要求，也给托幼机构从事保教的其他工作人员一定的启发。

做一做

请写出10种可以对婴幼儿表达赞许、鼓励的方式，并与你的同伴交流。

比如，微笑着注视他、与他四目相对、对他竖一个大拇指、在全班同学面前表扬他某个事情做得好等。当幼儿感到挫败时，对他说："刚才尝试没有成功没关系，如果这样做再试试看呢？"再如，鼓励幼儿与同伴合作时说："如果你和乔乔一起完成了这个拼图，那么我会很高兴的。"

单元练习

单选题

1. 午餐时，幼儿辰辰翘着椅子坐，在椅子上摇来摇去，东倒西歪。对此，王老师恰当的说法是(　　)。

A."辰辰，不准玩椅子。"

B."辰辰，你有多动症吗？"

C."辰辰，请坐好，椅子会坏的。"

D."辰辰，请坐好，你会摔跤的。"

2. 户外活动时，萌萌不小心摔倒了，摔倒后他有些情绪，不愿意立即起来，刘老师的说法正确的是(　　)。

A."怎么这么不小心？"

B."没关系吧，需要帮助吗？"

C."来，我扶你起来。"

D."赶紧起来，勇敢点儿。"

课后练习答案

第二课　教师与家长的沟通

托幼机构里的每个孩子，背后都有深爱他们的家长或监护人。作为一名托幼机构教师，不可避免地会花一部分时间与孩子背后的家长打交道，比如早晚接送时的聊天，日常的电话、网络联系，家园联系册的撰写，家园联系栏的设计，家长开放日和家长会的组织实施，还有每学期的家访。这些都属于家园沟通工作，有统计显示，这些工作所花费的时间占到教师总工作时间的12%。[1] 可以说，家园沟通是托幼机构教师的重要工作之一。家校沟通的成功与否，直接关系到教师的工作是否能顺利展开。

典型案例

王老师是刚入职托幼机构的新教师，对工作充满了热情。但是由于自己年纪比很多家长小，生活经验和育儿经验都不如家长丰富，所以在与家长沟通时，总是显得有些稚嫩。尤其是与家长沟通孩子的具体行为和教育对策时，王老师更紧张了。她发现现在的家长们有很多途径学习幼教知识，育儿水平都很高，说起来对教育方法都有自己的理解，“原生家庭”“延迟满足”这些专有名词说得一套一套的。而且家长们也表现出不太“信任”这个新教师的样子，更愿意与老教师沟通，王老师因此很苦恼。如果你是王老师，那么应怎样尽快打破与家长们沟通的尴尬局面呢？

张老师遇到的情况是很多新入职托幼机构的教师都会遇到的情况，想要解决这个困难，教师除了加强自身学习与思考外，还需要观察和分析当代年轻家长的基本特点，把握与他们沟通的基本策略。

一、与不同类型的婴幼儿家长的沟通

(一)与婴幼儿母亲的沟通

1. 当代年轻妈妈的特点

(1)眼界开阔，不迷信权威

当代年轻的妈妈多以第一代独生子女为主体，生活条件优越，文化程度不低，眼界开阔，思维灵活。她们会充分运用网络，通过早教论坛、育儿博主、父母社群、母婴软件等多种途径了解育儿知识与信息。当她们有育儿困惑时，会通过网络搜索来获得帮助和支持。因此，她们有自己的教育主张，愿意与托幼机构教师平等开放地沟通交流，而不是单纯听从教师的建议。

(2)缺乏辨别能力

网络育儿经验不一定都是科学的，有些是道听途说，似是而非，有些甚至是有害的。例如：新闻报道有位妈妈加入某付费婴儿睡眠引导群，训练三个月大的婴儿趴睡最终导致婴儿窒息死亡的惨剧，可见还有很多妈妈不知道趴着睡对婴儿的危害。事实上，我们一直提倡的是婴儿在学会自主翻身之前，尽可能地“躺着睡，趴着玩”。这个例子说明如果妈妈没有科学系统和扎实的专业理论知识进行分析鉴别，盲目偏信，就会使婴幼儿的早期教育走向误区。

---

① 施燕，林琳：《幼儿园新教师上岗手册》，66页，上海：华东师范大学出版社，2012。

(3)重视婴幼儿个性发展，容易忽视集体教育的必要性

有些妈妈过于崇尚婴幼儿的个性化教育，却忘了托幼机构属于集体环境，婴幼儿在集体生活中需要遵循一定的行为规则。如果过分追求个性自由，凡事以自我为中心，就容易在与其他人的交往中起摩擦。如果妈妈认识不到这种个性对婴幼儿成长的危害，并因此拒绝教师的建议，那么也会影响婴幼儿的社会性发展。

(4)与祖辈家长教育观念存在摩擦

很多妈妈在产假结束后，会请婴儿的爷爷奶奶、姥姥姥爷来家里帮忙照顾婴儿。由于当前普遍的双职工家庭的工作形式和经济压力，大部分年轻家长会对祖辈带娃比较依赖。但是妈妈又普遍担心老人按传统经验带孩子会延续以往的误区，使得双方育儿理念的冲突最终演化为家庭冲突。例如，妈妈主张让婴幼儿自主进食，弄洒也没关系。奶奶觉得婴幼儿洒的比吃的多，最后饭都凉了，还不如上手喂。最后，谁也不能说服谁。这反映的其实是年轻妈妈与祖辈家长的教养观念和方法不一致，这个问题是家庭内部的问题，但也影响了托幼机构的日常家校沟通，这个问题我们稍后再讨论。

2. 与年轻妈妈的沟通对策

(1)关注当下流行于年轻妈妈之间的育儿热点，提前备课

基于上述特点，作为托幼机构教师更应该开放自己的心态，拓展自己的理论视野，关注年轻妈妈的育儿时尚与流行话题，提前“备课”。当教师可以用自身的理论知识结合热点内容进行分析时，会更容易使妈妈信服。

(2)坚持科学的教育思想，包容引导妈妈的准科学教育观念

很多妈妈的教育观念大多是自发的、不成体系的，有些是个人经验产生的朴素的想法，有些是从网上和各种社群中流传出来的“时尚”言论，这些内容甚至有互相矛盾的成分。这些教育理念中有些是科学的，有些是似是而非的准科学，有些是伪科学。比如，片面推崇自由主义，过度迷信赏识教育，忽视惩罚的作用与价值。作为教师，应当以中国特色社会主义理论指导下的幼儿教育学和幼儿心理学为理论基础支撑，坚持主流正向的教育思想，积极引导非主流教育观念，帮妈妈去伪存真，去粗取精。

(3)引导婴幼儿妈妈重视个性化教育与社会化教育相结合

针对年轻妈妈追求婴幼儿个性化教育的倾向，引导她们把个性化教育和集体教育有机结合。如果教师想对某个婴幼儿的以自我为中心的问题进行沟通，可以说得委婉，但不要说得太笼统，尽量根据某件事中婴幼儿的具体表现与家长沟通。这一方面可以让妈妈体会到教师的用心；另一方面可引导妈妈注意从不同情境中观察自己孩子的表现。

(4)引导年轻妈妈与祖辈双方互相借鉴学习

针对年轻妈妈教育观念与祖辈不一致的情况，教师应当认识到这种情况的出现是正常的，也是社会进步的表现。两代人在教育方面的观念各有长处。教师可以提醒年轻妈妈与祖辈商讨，学习借鉴对方的可取之处。教师不能激化年轻妈妈与祖辈之间在育儿立场上的矛盾，可以借鉴古人“明着敬老，暗着爱小”“当面教子，背后劝老”这些经典的家庭沟通经验。①

典型案例

小鱼儿早上来到幼儿园，刚到教室门口就站着不走了，噘着小嘴不肯迈进教室。“你怎么了?”王老师问，小鱼儿一声不吭。“你是不是忘带什么东西了?”王老师接着问。“嗯，我忘带彩笔了。”小鱼儿嘟哝着，紧张地看着妈妈，又看看王老师。王老师说：“不要紧，下次再带吧。唉，你真是个小笨笨。”

听到王老师说自己是小笨笨，小鱼儿顿时号啕大哭起来。小鱼儿的妈妈也指责王老师：“昨晚是宝宝的爷爷来接的宝宝，所以我不知道孩子今天要带彩笔来幼儿园。再说忘带东西是很正常的，你干吗这样说我们家宝宝!”王老师赶紧解释说：“我是爱小鱼儿才这样逗逗她的。”小鱼儿的妈妈生气地说：“那你应该笑着说呀!”②

上述案例中，王老师原本表示亲昵的一句话，非但没有带来预期的效果，反而引起了幼儿的误解和家长的不满，为什么会出现这种情况呢？教师该怎样正确运用语言、面部表情与幼儿及其家长交流呢？

(二)与婴幼儿父亲的沟通

想一想

父亲参与婴幼儿的教育，对婴幼儿的成长有非常积极的意义。但是社会上却出现了这样的两种极端情况：有些爸爸的育儿参与度很高，被称为“超级奶爸”，对婴幼儿的照顾无微不至。但有些爸爸参与度很低，缺席婴幼儿的教育。这是为什么呢？针对这种现象，教师应当如何做？

当代年轻爸爸因为成长经历、教育背景不同，父亲的角色意识也不同，每个爸爸的教养风格大不一样，所以也导致了爸爸这个群体的育儿参与度差异较大。因此，教师可以根据爸爸的教育特点分类沟通。

① 晏红：《幼儿教师与家长沟通之道》(第2版)，45—49页，北京：中国轻工业出版社，2018。
② 伍香平：《幼儿教师易犯的150个错误》，11页，北京：中国轻工业出版社，2012。

1. 当代年轻爸爸的类型

(1)甩手掌柜型爸爸

有些爸爸对婴幼儿的教育问题不管不问，受“男主外，女主内”传统思想的影响，把个人精力主要放在工作上，认为自己的主要任务就是赚钱养家，因此很少参与对婴幼儿的照顾和教育。比如，很少接婴幼儿，很少参与家长会。妈妈在育儿时，爸爸多是以旁观者的姿态存在，不主动参与。爸爸陪婴幼儿玩的时候，也总是忙于个人的事务性工作或者玩手机等。可以说，这种爸爸几乎在婴幼儿的教育进程中“隐身”了。

(2)严厉型爸爸

有些爸爸属于严管型，类似于权威型家长。这类爸爸也参与对婴幼儿的教育，但是对婴幼儿要求严格，教育方法简单粗暴。有些爸爸用成人思维解决婴幼儿教育问题，不太顾及婴幼儿内心感受，也不尊重婴幼儿，家庭决定以他的个人意志为主。

(3)溺爱型爸爸

有些爸爸属于溺爱型，或因为“重男轻女”的思想，对男孩特别偏爱；或因为“穷养儿子，富养女儿”的观念，对女儿特别宠爱；或者单纯认为应该给婴幼儿一个幸福快乐的童年，用“儿童成长过程中是否快乐”作为教育是否成功的标准，觉得婴幼儿的快乐高过一切。至于学习和行为习惯的培养，则认为“树大自然直”，婴幼儿大了自然就会了，因此对婴幼儿比较宽容，不提过多要求。或者有些爸爸单纯是因为平时没空陪婴幼儿，出于补偿心理，和婴幼儿在一起时对婴幼儿百依百顺，以为满足婴幼儿所有的心愿就是爱婴幼儿的方式。

(4)朋友型爸爸

这种爸爸家庭角色意识强，乐于承担做父亲的责任。他们往往性格开朗有活力，喜欢带婴幼儿一起玩耍，有幽默感，而且会倾听婴幼儿的想法，尊重婴幼儿的意愿。有自己的教养底线和原则，虽然未必系统学习过理论知识，但管教态度和方法也会考虑婴幼儿的身心特点。亲子关系自然放松，对婴幼儿爱而不溺。

2. 与年轻爸爸的沟通对策

(1)向甩手掌柜型爸爸宣传父亲参与教育的意义

甩手掌柜型爸爸一般是没有认识到父亲的教育对婴幼儿健康成长的积极影响，所以需要教师向这类爸爸宣讲父亲这个角色对婴幼儿早期发展的意义。比如，爸爸会鼓励婴幼儿展开一些有冒险和探索精神的游戏，对培养婴幼儿乐观勇敢的性格大有益处。教师可以让爸爸知道，亲子教育的效果不完全受到陪伴时间和空间距离的影响，更关键的是看是否为高质量的陪伴。所以，提醒这类爸爸，工作再忙也可以见缝插针地给婴幼儿打个电话。而且未必是需要一个专门特定的时间谈话才算教育，通过生活细节，一样能发挥作为父亲的潜移默化的教育力量。比如，尊重和照顾自己的妻子，入睡前检查门窗，排队买票，开车遇到别车、超车时不说粗话，等等，都能给婴幼儿做出良好的示范。托幼机构教师提醒年轻爸爸尽量参加托幼机构的活动，多多接送婴幼儿，因为爸爸的出现会让婴幼儿感觉非常自豪。

(2)建议严厉型爸爸尝试新的教育方法，直接表达对婴幼儿的爱

教师要帮助严厉型爸爸正确认识和对待婴幼儿所犯的错误，犯错误是婴幼儿成长过程中不可避免的。虽然严厉的态度能够引起婴幼儿的重视，使得教育效果立竿见影，但是打骂、恐吓、欺骗等教育方法对婴幼儿来说是一种负面的示范，因为婴幼儿没有从中学到正确的对待冲突的方法。而且，家长越严厉，幼儿精神状态越紧绷，反而更容易犯错。

另外，教师还可以帮助严厉型的爸爸意识到爱要表达出来。要经常拥抱、抚摸婴幼儿，用赞许的眼光注视婴幼儿，要记得夸赞婴幼儿。因为含蓄的爱、深沉的爱很难让婴幼儿感觉到，不利于亲子关系的和谐。等婴幼儿长大以后才明白的爱，为时太晚，父子之间已经错过太多，得不偿失。

(3)建议溺爱型爸爸放手让婴幼儿承担属于自己的责任

教师应当帮助溺爱型的爸爸尊重婴幼儿的独立性，帮助爸爸区别什么样的行为已经构成溺爱，帮助爸爸意识到自己的某些行为已经属于溺爱。比如，照顾婴幼儿不意味着放纵，婴幼儿也应当承担自己的一份责任，应当知道在爸爸妈妈打电话时要保持安静，别人惹自己不高兴时，要学会原谅。应当拒绝婴幼儿不合理的要求，虽然这样会暂时惹婴幼儿不高兴，但并不会妨碍他们长远的健康成长。对婴幼儿百依百顺，用哄劝、投降的方式换取婴幼儿的欢心，反而会导致婴幼儿不珍惜物品，不体贴他人的付出。再如，不需要对婴幼儿过分保护，虽然家长都受不了婴幼儿受委屈，但是适当暴露在可控的风险中可以让婴幼儿学会辨别风险，学会遇到风险时紧急应对和自我保护的方法。过度的保护实际上反而会降低婴幼儿抵抗风险的能力。再如，不可以偏袒婴幼儿，对婴幼儿的缺点和短处不能够视而不见，如果一味充当婴幼儿的避难所和保护伞，会助长婴幼儿的不良性格。

(4)发挥朋友型爸爸在家长中的榜样示范作用

朋友型爸爸是轻松快乐的依恋对象，既不喜欢恐吓婴幼儿，也不喜欢贿赂婴幼儿。教师应注意平时多给这类爸爸展示的机会，进而发挥这类爸爸对于家长群体的榜样示范作用。比如，展开“我有一个好爸爸”这样的视频征集

活动，鼓励每个家庭把亲子活动的片段拍摄成视频，利用家长会的时间播放。这可以给父亲们提供互相了解交流的机会，从而促使大家反思自己的父亲角色。教师也应积极鼓励朋友型爸爸多多参与托幼机构的活动，比如，在家长开放日和亲子运动会时，安排这类爸爸担任志愿者角色，并留下影音资料，扩大宣传。①

(三)与婴幼儿祖辈家长的沟通

想一想

由祖辈们对孙辈们施行抚养和教育的现象称为隔代抚育。目前，隔代抚育主要出现在农村夫妇两人都外出打工的家庭和城市双职工的家庭。一项在全国范围内隔代抚育调查的结果显示，中国近一半孩子是跟着爷爷奶奶、姥姥姥爷长大的。大多时候托幼机构外等着接婴幼儿的人中，也有一半是年龄较大的老人。

作为教师，如何与孩子的祖辈家长进行沟通呢？

1. 隔代抚育有独特优势

首先我们应当认识到隔代抚育是有它独特的优势的。比如，祖辈家长有着平和的心态和充裕的时间，可以陪伴婴幼儿成长。祖辈家长有抚养和教育婴幼儿的经验，可以在育儿过程中少走很多弯路，面对突发情况时也更加从容。祖辈家长有丰富的社会阅历和独特的智慧才能，可以给婴幼儿正面的影响和示范。祖辈家长带娃过程中又感受到生命的活力和喜悦，有利于老人的身心健康，同时也能够缓解年轻父母的后顾之忧。

2. 隔代抚育的局限性

俗话说“隔代亲”，老人容易娇宠、溺爱婴幼儿，喜欢为婴幼儿包办代替，导致婴幼儿出现“唯我独尊”的心理，生活自理能力差的现象。另外，祖辈家长年事已高，导致他们与年轻父母两代人对婴幼儿的教育观念不一致。这容易引发家庭矛盾，导致亲子隔阂。老人身体机能和精神状态不如壮年时期，照顾婴幼儿时容易力不从心，为了分担子女的负担，老人可能要面临着来自经济和精神的双重压力。

3. 与祖辈家长沟通的侧重点

教师应当向祖辈家长宣传“生活即教育”的教育理念，引导他们意识到生活中处处是教育的契机，在照顾婴幼儿生活起居中也蕴藏着教育的智慧。有

① 晏红：《幼儿教师与家长沟通之道》(第 2 版)，51 页、56 页，北京：中国轻工业出版社，2018。

些祖辈家长认为把婴幼儿的衣食住行照顾好就行了，他们管婴幼儿生活，孩子父母管教育，缺乏教育渗透在生活之中的观念。教师应向家长宣传包办代替的危害：既不利于婴幼儿良好行为习惯的培养，也限制了婴幼儿通过自我服务得到机能锻炼，促进神经系统发育的机会。不要因为怕麻烦，嫌婴幼儿做得不好，就剥夺他们动手操作的机会。教师需引导祖辈家长适当巧妙地“偷懒”，鼓励婴幼儿自己动手做事。

同时教师还可以为祖辈家长创设沟通交流的机会，既可以让祖辈家长不那么孤独，也可以让年轻父母体会隔代抚育的酸甜苦辣，唤起对祖辈家长的理解与尊重。①

二、与不同年级的婴幼儿家长的沟通

教师不能依赖于家长主动反映问题后才进行沟通，更多的时候教师要走在前面，用自身的专业性去引领家长，帮助家长解决育儿问题。这就要求教师要全面了解家长的沟通需求，掌握婴幼儿不同发展时期家长想要和需要的关键育儿信息，如此才能够及时、有效地进行家园沟通。

(一)与托班家长的沟通

想一想

暖暖是一个两岁的宝宝，爸爸妈妈给她报名了托班，希望让她提前适应集体生活。但是暖暖一到班里面，就沉浸在自己的世界里，这里摸摸，那里看看，完全不配合教师设计的活动，也不喜欢和别的小朋友一起玩耍。暖暖的爸妈觉得非常忧心：孩子不合群，将来上幼儿园怎么办啊？作为教师，你如何安慰他们？

1. 缓解托班家长的焦虑心态

教师应向家长解释，幼儿不参与教师设计的活动，有天马行空的想法，是正常的，也是普遍的。因为托班的幼儿大多处在2—3岁，思维正处在“自我中心阶段”，此时玩的游戏类型也大多属于平行游戏。所以幼儿不理解也不太顾及他人的感受，不情愿与别人展开交流和合作是正常的。此时应当给幼儿熟悉环境，建立心理安全感的时间。如果幼儿实在闹得厉害，那么家长可以暂时将幼儿带离现场，或转移矛盾。

知识拓展：早教机构和托班的区别

2. 帮助家长改善幼儿怯生胆小的心态

幼儿在这个阶段还是比较容易认生的，会有一些胆小害怕的表现。而且2

① 晏红：《幼儿教师与家长沟通之道》(第2版)，59—60页，北京：中国轻工业出版社，2018。

岁左右正是幼儿分离焦虑最敏感的时期。因此幼儿胆小、怕生是正常的。教师应提示家长注意多与幼儿沟通，鼓励幼儿讲述在托班发生的开心的事情，激发幼儿主动表达的欲望。

3. 提醒家长做好入园准备

生活方面，教师可以提示家长在托班阶段就注意培养幼儿的生活自理能力，比如，鼓励幼儿自己用勺子吃饭，可以主动告诉大人要大小便，可以自己穿脱一些简单衣服。语言表达方面，幼儿能倾听别人说的话，能听清楚别人的意思后再回应；能用简单的话表达自己的意思。社会交往方面，教师提示家长锻炼幼儿适应陌生环境的能力，愿意与别的小朋友玩耍。

(二)与小班家长的沟通

想一想

早上乔乔来幼儿园的时候红着眼睛，牵着老师的手，不肯和妈妈说再见。李老师安慰她说，没关系的，但是乔乔妈妈还是有些不放心地离开了教室。没过多久，李老师就看到了窗户外忧心忡忡的乔乔妈妈。乔乔妈妈很不好意思，和李老师目光示意后就离开了。做早操的时候，有小朋友发现了躲在幼儿园栅栏外的乔乔妈妈，大声喊："乔乔妈妈好!"于是李老师和乔乔妈妈再次尴尬地对视了。为了不影响幼儿的活动状态，李老师赶紧说："宝贝们，咱们和乔乔妈妈说再见吧!"乔乔妈妈这次才真的离开了幼儿园。①

乔乔妈妈不安的眼神让李老师也非常介怀，她希望能尽快了解乔乔妈妈到底为何而担心。接下来她会采取哪些措施呢?

当你遇到家长送儿童入园后久久不愿意离去的情况时，你会如何做呢?

家长与教师之间的良性互动，始于相互之间的体谅。托班或小班家长最容易出现的就是家长送幼儿入托或入园后久久不愿意离去的情况，这是因为不仅幼儿会产生分离焦虑，而且家长也会有分离焦虑。此时，教师无须抱着抵触的心理，觉得这是家长对自己的不信任，其实这更多的是家长内心不安的表现。这种不安有很多原因，有些是因为每天围在身边的幼儿不在家，家长心里空落落的，感觉难受；有些是担心幼儿生病；有些是担心幼儿在园所受欺负；有些是担心幼儿没有自理能力，无法适应园所生活；有些是因为入园前和幼儿发生了不愉快的事，担心幼儿在园所情绪低落；等等。

面对有分离焦虑的家长，教师主要帮助其放松心态，与幼儿一起适应新挑战。教师一方面要反复耐心地与家长沟通，另一方面还要保证幼儿在托幼

---

① 冯伟群：《幼儿教师临场应变技巧60例》，145页，北京：中国轻工业出版社，2013。

园所的健康和安全。同时，可以给家长提供帮助幼儿缓解分离焦虑的小技巧，比如，在平时进行分离的练习，外出时当面与幼儿告别，告诉幼儿自己去做什么，何时回来。不要趁幼儿不注意悄悄离开，这样反而会破坏幼儿的信任感。再如，让幼儿带上心爱的小物件或熟悉的东西到托幼机构，这些小物件就属于他们的依恋物，可以缓解幼儿不安的情绪。平时沟通时也不要给幼儿消极的心理暗示，比如，不要说："再不听话，就把你送到幼儿园去。"也不能在幼儿面前流露出不舍的样子，这会刺激幼儿产生不良的情绪等。

(三)与中班家长的沟通

中班开始有值日生了，教师可以引导家长让幼儿开始尝试做一些家务劳动，这样做可以培养幼儿的劳动意识、劳动能力，提升幼儿关心他人、服务他人的能力，还能够培养幼儿良好的行为习惯。教师还应当提醒家长，尽量不要通过买玩具、给钱等物质奖励手段去激发幼儿做家务的动机。因为，家务劳动是家庭成员的义务，幼儿应该是心甘情愿不计报酬的。家长可以给幼儿更多的精神奖励，比如表扬，拥抱，和幼儿一起到户外玩耍，讲故事，等等。而且，随着与中班家长的逐渐熟悉以及家长对教师的逐渐认可，教师可以给家长提供更多的教养建议。比如对护短的家长、严厉型的家长、溺爱型的家长等，教师可以提出针对性的建议。这将为接下来的大班工作、后续良好的家园合作共育建立良好基础。

(四)与大班家长的沟通

大班的幼儿即将上小学，这个阶段家长最焦虑的事情就是如何帮助幼儿平稳地从幼儿园过渡到小学。所以与大班家长的沟通主要在于幼小衔接的指导。如果家长只是简单地对幼儿说该上小学了，却没有告诉幼儿，上小学到底意味着什么，也没有教给幼儿小学生具体做什么，也没有在家有意识地培养幼儿上小学需要的一些自理能力，那么，幼儿面对突如其来的生活和学习的变化，可能很难快速适应。还有些家长单纯认为提前学习小学知识就是在做幼小衔接，因此非常注重提前学习小学知识。因此我们应当告知家长树立正确的幼小衔接观念。

首先，我们要引导家长培养幼儿良好的意识。比如，我们要引导家长培养幼儿的上学意识，而不是片面去追求成绩。比如，培养幼儿的时间意识，上学不能迟到，课间十分钟可以做哪些事情，不能做哪些事情。再如，培养幼儿的规则意识，需要遵守规则，尊重对方，才能与陌生人交朋友。还有如任务意识，让幼儿意识到所有的学习都是简单的任务，都是需要完成的，不是想做就做、不想做就可以不做的。其次，我们要引导家长注重幼儿良好的学习习惯的培养，而不是关注具体提前学习了哪些小学的内容。主要是看幼儿能不能养成认真听讲，注意力集中，主动动脑筋的好习惯。这些习惯将对他们未来的学习生涯产生深远的有益影响。

三、与家长沟通的技巧

托幼机构教师对于家长沟通可能存在一些误区，要么忽视沟通，觉得对婴幼儿好就行；要么过度自卑，觉得自己文化程度没有家长高，自己很难说服家长；要么过度自信，觉得自己带了很多届婴幼儿，由于经验丰富而产生了优越感，不重视家长的意见。

知识拓展：抓关键巧沟通——谈与中班家长沟通的策略

其实，托幼机构教师与家长的顺利沟通的背后，是教师个人成熟的为人处世之道。成熟的为人处世帮助我们更好地进行人际沟通，比如，把握好人际沟通的距离和限度，把握好双方沟通的话题和动机，把握好沟通中倾听与诉说之间的关系，等等。为人处世是每个人在生活工作中的必修课，也是一本无字之书，需要每一位教师终身去观察、反思、感悟。虽然它需要处处留心，点滴积累，但也可以通过刻意练习提高沟通效果。下面介绍几种与家长沟通时需要注意的技巧。

1. 理解心理落差，及时调整心理角色

作为新入职的教师，很多人刚刚从大学的象牙塔中走到真实的社会生活中。身边不再有同伴和教师的帮助，要开始独立地面对职场中的困难。此时，新入职的教师应当尽快改变自己的学生心态，对标成熟负责任的职场人，尽快地适应新角色。

另外，将自己珍爱的宝贝交给一个陌生人，婴幼儿家长多少是会忐忑和担心的。在这种担心之下会催生出对教师的不信任，进而可能会产生一系列过分的要求。此时，教师不要盲目地生气，可以换位思考，分析家长这么做的原因。不能理所应当地认为家长具备和教师一样的理论基础，能理解教师的行为。也不能想当然地认为家长会第一时间就无条件认可教师的教育理念。这些都需要教师在与家长打交道的过程中，通过一次次的事件的印证，不断加深家长对教师的信任。

2. 掌握家庭教育的知识，提高自身的威信

(1)教师掌握家庭教育知识有助于提高家长对教师的尊重与信任。

(2)教师主动与家长沟通情况，正确对待家长并提出合理的意见。

3. 发挥主动作用，增强信任感

(1)教师主动介绍情况，搭建与家长和婴幼儿情感沟通的桥梁。

(2)教师主动消除顾虑，避免误会。

4. 讲究谈话的技巧方法，给家长以足够的尊重

(1)遇到婴幼儿出现某些问题，最好单独私下沟通，避免伤害婴幼儿和家长的感情。

(2)先报喜，后报忧，以给家长信心。

(3)教师对问题用请教式的态度和口气向家长提出看法。

(4)遇到问题时，教师向家长提建设性的批评意见。

(5)教师在沟通过程中，尽量减少家长的防卫心理。

5. 遵守人际交往的道德规范，保持人格的高尚性

(1)教师自觉抵制社会不正之风的侵蚀，不向家长索取任何利益。

(2)教师要一视同仁，不因家长地位的高低而有亲疏之分。

(3)教师要尊重学生家长，遇到问题时平等协商。

6. 教师要教育婴幼儿热爱和尊敬家长

(1)教师要教育婴幼儿热爱和尊敬家长，帮助提高家长在婴幼儿心中的威信。

(2)教师可以适时适宜地通过婴幼儿这个媒介，向家长表达尊重之情。

(3)教师不要当着婴幼儿的面议论家长的缺点，或评判家长的对错。

(4)针对个别有问题的家长，教师要给婴幼儿以足够的指导。

做一做

托幼机构教师对家长的常见文明用语有哪些？请和你的同学一起讨论整理。

单元练习

一、多选题

1. 与年轻妈妈的沟通对策有哪些？(　　)

A. 关注当下流行于年轻妈妈之间的育儿热点，提前备课

B. 坚持科学的教育思想，包容引导妈妈的准科学教育观念

C. 引导婴幼儿妈妈重视个性化教育与社会化教育相结合

D. 引导年轻妈妈与祖辈双方互相借鉴学习

2. 与年轻爸爸的沟通对策有哪些？(　　)

A. 向甩手掌柜型爸爸宣传父亲参与教育的意义

B. 建议严厉型爸爸尝试新的教育方法，直接表达对婴幼儿的爱

C. 建议溺爱型爸爸放手让婴幼儿承担属于自己的责任

D. 发挥朋友型爸爸在家长中的榜样示范作用

课后练习答案

二、简答题

托幼机构教师与家长沟通的技巧有哪些？

第三课　教师与其他人员的沟通

想一想

张老师和林老师被分在同一个托幼机构实习。张老师眼勤、手勤、嘴勤，经常向带班老师请教日常生活中观察到的问题，并提出自己的看法，请带班老师指导评价。如见到带班老师采用了一些有效的方法时，她还会把这些经验记在自己随身的小本子上。班级的整体工作中，张老师也总是把自己当作正式教师来对待，不论是不是自己分内的工作，她都会积极地去完成。张老师跟班级其他老师相处得也很融洽。而林老师觉得自己是实习老师，并不是正式员工，每天把带班老师分配的任务做好就可以，至于分外的工作，既然没有人要求，那么不做也可以。虽然带班老师没有主动传授给自己一些工作经验，但也不着急。林老师觉得毕竟自己的艺术技能比张老师还要好一些，留下来的可能性更大，等成为正式的职工，再向老教师学习也不迟。三个月实习期结束以后，托幼机构对张老师评价很好，提出希望张老师毕业后可以来托幼机构继续任教，但对林老师则婉言拒绝了。林老师觉得不太公平：我平时的工作能力不比张老师差，凭什么她可以留下？

如果你是托幼机构的管理者，那么你更想留下哪位老师呢？为什么？

在你实习的时候，会学习哪位老师的做法呢？为什么？

在托幼机构里，除了和婴幼儿交往外，保教人员还需要和管理者以及其他同事进行人际沟通和交往。良好的人际关系可以成为工作上的助推器。反之，则可能成为绊脚石。因此，如何处理好这些关系就成为一件非常重要的事情。在校园里，很多人已经习惯，遇到搞不定的事时可以找同学和老师帮忙，但在托幼机构，我们则需要转变为一个肩负着工作责任的社会人。

做一做

步入职场的你，需要完成从学生到职场人角色的转换。学生角色和托幼机构教师角色对我们的行为要求有哪些不同？求学的校园和托幼机构的职场人际交往有哪些区别？请和同学讨论一下吧！

作为一名托幼机构的新教师，可能要花费大量的时间来与婴幼儿相处，与他们的家长相处。但事实上还有一个群体也需要与他们打交道，那就是托幼机构行政管理人员和其他部门教师，因为有了这些人的帮助，教师可以更自如地开展工作。

一、与领导沟通的技巧

虽然努力和每个人建立友好关系是重要的，但是托幼机构教师需要认识到有一些人能更直接地帮助你开展工作。因此，教师需要花些时间了解如何与他们顺畅地交往。

(一)与园长、副园长(或书记)的沟通

托幼机构的总负责人，一般被称为幼儿园或托育园的园长、副园长，是最有可能影响教师工作是否顺利的人，与其相处要牢记：对领导要尊敬，不要急于表现，要做到踏实工作。

新教师刚进入岗位，都希望自己能尽快受到领导的肯定和赏识。作为一名新入职的教师，要对领导尊重，工作上要积极、踏实，以自己积极、踏实的工作作风去赢得领导的认可，切忌以逢迎巴结的方式去亲近领导。当过分亲近逢迎领导的时候，可能就已经失去了很多同事的信任。另外，园长、副园长也是托幼机构中工作最繁忙的人，所以不要过多地干扰他们，教师只要努力工作即可。

(二)与教研组长、保教主任或年级组长的沟通

托幼机构中的中层管理人员，一般被称为教研组长或保教主任，他们是对一线教师工作支持反应更直接快速的人，如果与其建立起良好的关系，教师的请求很可能会得到支持。与他们交往时可以从以下几个方面入手。

一是踏实工作、任劳任怨。一般教研组长或是年级组长比较喜欢那些踏踏实实工作的教师，任劳任怨，钻研教学，可以给他们留下一个良好的印象。

二是不要想当然地认为自己比领导更了解怎么做对这个托幼机构更好。也许刚入职的教师头脑中装满了学前教育的理论知识，想要施展拳脚，在工作中大干一场。或者对托幼机构当前运行的一整套制度有不满，认为应当在某些地方进行革新。或者单纯想“助人为乐”。这些想法也许很有创新性，但同事和领导未必会认可。也许他们不如新教师的理论基础好，但是他们比新教师更懂得所在单位或明或暗的一些运行规则。因此，托幼机构教师初到一个单位，不要在不熟悉单位的情况时就提出比较激进的建议。新教师提建议之前应慎重思考：“该不该做？能不能做？”在工作中尽自己最大努力做好领导交代的事，做领导强有力的助手。对领导布置的工作有暂时不理解的，也要尽量按领导的要求去做，在执行当中理解。实在有困难的，可以私下单独找

领导请教。①

二、与同事沟通的技巧

与同事的交往是教师人际关系的重要组成部分。教师与同事的交往状况如何，不仅影响着托幼机构的园风，而且影响着托幼机构的保教质量。团结协作是处理教师之间的关系、教师与集体关系的行为准则。作为一名托幼机构的教师，要深刻理解团结协作的意义，搞好团结协作。

(一)同事之间团结协作

1. 关心教师集体，维护集体荣誉

处理好个人和集体的关系，把个人和集体融合在一起，热爱教师集体，维护集体利益。教师要维护集体的荣誉，并为集体创造荣誉。

2. 克服不良习气，相互学习配合

教师要克服“文人相轻”的不良习气。同时，工作中要谦虚正直，要维护其他教师的威信，做到互相帮助。

3. 尊重同事，相互学习，建立和谐的人际关系

从共同目的出发，互相学习，互相帮助，取人之长，补己之短。担任不同领域教学的教师，要互相尊重，互相配合。新老教师之间要互相尊重，互相学习。优秀教师与其他教师之间也要相互学习。正确处理教师与托幼机构领导之间的关系。教师与教辅人员、后勤工作人员也应互相尊重，互相支持。

(二)正确认识同事间的竞争与合作

合作是指不同的个体为了共同的目标而协同活动，促使某种既有利于自己又有利于他人的结果得以实现的行为或意向。竞争指不同的个体为了同一个目标展开争夺，促使某种只有利于自己的结果获得实现的行为或意向。

教师既要具有合作意识、合作能力，也需要具有竞争意识、竞争能力。教师劳动的目的在于为社会培养未来人才，教育目的的统一性要求教师之间必须合作。教师要正确认识合作与竞争的关系。合作与竞争是社会发展中普遍存在的两种基本的相互作用的形式。在充满竞争又需要合作的社会，托幼机构内部教师之间的竞争与合作，应当是在合作中竞争，在竞争中合作，开展正当的竞争，进行友好的合作。

(三)与不同类型教师的沟通技巧

1. 与资深教师的沟通

首先，要虚心接受资深教师主动的帮助。资深教师重要的财富就是经验，

① 施燕，林琳：《幼儿园新教师上岗手册》，42页，上海：华东师范大学出版社，2012。

资深教师拥有多年丰富的经验，是新教师可以交往的第一人选。当与他们交往的时候，谦虚是每个新教师必须做到的。新教师要做到虚心向他人请教，虚心对待别人的意见和建议。刚入托幼机构时，一些教师会非常热心地来帮助新教师，特别是那些资深的教师。虽然新教师的学历可能更高，思想可能更前卫，观念可能更新颖，方法可能更灵活，但毕竟在教育教学实践上还得从头开始，接受资深教师的帮助会使新教师的工作更轻松，新教师还可以从资深教师的建议中发现成为一名好教师的方法。所以，新教师一定不要自恃才高，也不要刻意逢迎。作为新教师，需要认认真真工作，踏踏实实为人。

其次，要避免受到消极情绪的影响。当新教师投入工作时，要有自己的判断。新教师应合理规划每日工作，如工作量过多，可及时汇报调整。

2. 与不同性格的教师的沟通

热情型的教师富有激情和冲劲，是新教师需要花时间交往的重要人物。新教师刚到一个托幼机构，难免对新同事有一种陌生感和距离感，刚毕业参加工作的新教师，有的还会有一种初入社会的畏怯感。于是，不敢主动大胆地和同事们交往，这样很不利于自己融入托幼机构这个大集体，也不利于同事了解和认可。为了更快地融入这个新环境中，新教师可以先同那种热情型的教师交往。因为这些教师往往开朗、热情，在托幼机构有很好的人际环境，他们做事积极而有效率，对工作认真、有活力，他们通常是托幼机构的骨干，得到领导的肯定并承担着许多重要工作。新教师可以主动利用各种工作、生活和休闲的机会与他们交往，融入他们的圈子，也会成长得更快，获得更多学习和展示的机会。

敬业务实的教师是非常值得新教师去结识的。敬业务实的教师可能不如热情型的教师有那么广泛的人际关系，他们可能只关注自己的工作，正是因为他们对自己的工作很投入，新教师会从他们身上学到如何为婴幼儿提供适合的教育。与这类敬业型教师交往，新教师要让他们看到你积极、踏实的工作作风，以此赢得他们的认可。与他们交往要保持单纯的心态，心中坦率，以简单诚挚的心态去面对。但同时要注意保持适当的距离，尊重他人的习惯、爱好和秘密。

不合格的教师要尽量避免接触。不合格的教师有可能是你教学生涯根本碰不到的，但如果不小心遇到了，你要特别注意，不要卷入与其他教师讨论他的事情，避免与他产生关系，更应避免这类教师不合格的工作态度影响到你。①

---

① 施燕，林琳：《幼儿园新教师上岗手册》，43—45页，上海：华东师范大学出版社，2012。

三、与相关部门工作人员沟通的技巧

(一)与保育员的沟通

托幼机构的职工当中，还有一类重要群体是保育员，他们是保教人员中一支特殊的队伍。保育员主要辅助主班教师照顾婴幼儿的生活和清洁环境。婴幼儿因为年龄小，身心发展蕴藏在保育与教育的活动中，所以，托幼机构的工作是保育与教育的有机结合。托幼机构中教师和保育员只是工作重点不同，但工作内容分界线并不是鲜明严格的。如果我们是主管教师，就要克服“重教轻保”和“教师为主，保育员为辅”的自我中心思想，与保育员分工合作，默契配合，才能真正做到保中有教、教中有保。目前，保育员的年龄会比较大一些，而且在学历上也不太高，但是他们吃苦耐劳，有着丰富的育儿经验，如果相处得好，配合得当，就会使教师的工作如虎添翼，在促进婴幼儿发展的同时，自身也得到成长。比如当婴幼儿尿湿裤子，或吃饭呕吐时，身旁的保育员一定会有很多智慧来处理。这时的教师，不应该只是旁观，而是一起搭把手，让保育员感到这个青年教师对他们的尊重。和保育员相比，新教师当然也有很多长处，特别是在学前教育理论知识的掌握方面。教师可以不失时机地、潜移默化地和保育员交流，使他们把保育工作做得更好，这样也会使彼此有更好的交流话题。

(二)与其他职员的沟通

教师要与保管员、媒体中心人员、电脑室人员等园所其他职员保持良好的关系。首先这些人员也是托幼机构中不可或缺的重要成员，他们可以给新教师许多引导和帮助，与他们合作友好，教师在以后的工作中就会有更多的回旋余地，会得到很多的支持。比如：与媒体中心人员保持良好的关系，教师会很容易在紧要关头得到所需的物品；如果有一个临时开课的任务，教师就可以从保管员那里及时得到资料，不需要再费时间去找寻。但是建立关系的目的不应该只是想得到特殊的好处，功利化的目的也最终会被识别和排斥。新教师应当相信建立的关系会为你带来终身的职业支持和私人的美好友谊。[①]

想一想

一次教研活动中，执教者是上岗刚两年的新教师，经验不是很丰富。新教师事先告诉过其他教师，这个活动只是提供探讨的话题，不一定十分完美，这样出现问题后更容易引起讨论和争锋。而参与教研活动的都是经验丰富的

---

① 施燕，林琳：《幼儿园新教师上岗手册》，46页，上海：华东师范大学出版社，2012。

班主任教师，大家围绕着“教学有效性”的话题进行了探讨。在谈论时，作为“过来人”的老教师，频频以“你……不合适，应该这样做……”“我觉得你做得不好，应该……”来评价执教者，执教的年轻教师似乎成了被批判的对象，只差掉眼泪了。

案例中的老教师这么做是否合适？我们可以从案例中看到哪些引以为戒的问题点？

做一做

工作中对同事的礼貌用语有哪些？请和你的同学一起讨论整理。

单元练习

一、单选题

1. 某教师一边要求幼儿安静玩玩具，一边和同事聊天说笑。该教师行为（　　）。

A. 正确，应培养幼儿习惯　　B. 错误，应小声聊天

C. 正确，应融洽同事关系　　C. 错误，应以身作则

2. 唐老师准备参加全市幼儿园教师基本技能大赛，因缺乏参赛经验，就去请园里常担任各类大赛的评委的谢老师指导，谢老师拒绝了。谢老师的做法（　　）。

A. 不注重同事间团结协作　　B. 促进了唐老师自我发展

C. 不注重同事间探索创新　　D. 维护了比赛公平公正

二、多选题

作为托幼机构教师，如何与同事之间进行团结协作？（　　）

A. 关心教师集体，维护集体荣誉

B. 克服不良习气，相互学习配合

C. 尊重同事，相互学习，建立和谐的人际关系

D. 跟风抱团，打探隐私

三、判断题

1. 作为托幼机构教师，刚工作时，一定要在一把手面前积极表现，出风头，加深领导印象。（　　）

2. 托幼机构的教师之间不存在合作，考评压力使教师之间只剩下竞争，有竞争就不会有合作。（　　）

3. 作为托幼机构的教师，是托幼机构最重要的工作人员，因此不用太在

课后练习答案

意与其他岗位工作人员的交往。（　　）

思考与练习

思考与练习答案

一、基础练习

教师在与幼儿的互动中，如何提出高水平的问题？有哪些句型可以参考？

二、实践练习

自主活动时间，在建构区里，几个孩子正在为他们亲手搭建的“木塔”兴奋不已。他们小心翼翼地簇拥在“木塔”的周围比画、端详、谈论，脸上洋溢着幸福的笑容，眼睛里闪耀着奇异的光芒。他们俨然沉浸在建造“伟大”杰作的幸福当中。这时，戴老师抱着备课本行色匆匆地从教室门口进来，径直走向“木塔”背后她的私人物品柜。“孩子们，快让一下，老师拿会议记录本。”说话间，她轻轻拨开柜门前几个孩子的头，将他们“驱赶”到一边，拉开柜门，从柜子里拿出本子和一支笔，然后砰的一下关上门，跨越过“木塔”。“哇!!!”孩子们一声惊呼，面面相觑。已到门口的戴老师回头一看，“木塔”被拦腰斩断。戴老师什么也没说匆匆离去。①

上述案例中，戴老师的做法对吗？她应当如何补救？

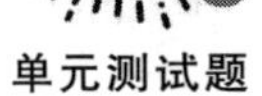

单元测试题

幼儿园教师资格考试模拟测试题

① 伍香平：《幼儿教师易犯的150个错误》，178页，北京：中国轻工业出版社，2012。

单元五　托幼机构规章制度

学习目标

1. 掌握托幼机构规章制度的制定意义和要求。
2. 了解不同类型的托幼机构规章制度。
3. 能根据托幼机构实际确立相应的规章制度。

单元导读

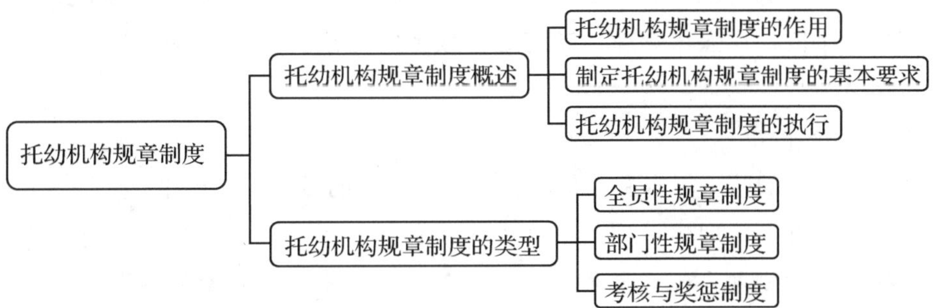

托幼机构规章制度是为了实现托幼机构目标，对托幼机构各项工作和对各类人员的要求加以条理化、系统化，规定出必须遵守的行为准则和工作规程。这是托幼机构根据党和国家有关方针、政策、法规，按照教养工作规律和园、所、托实际情况，采用条文的形式，对全园、所、托教职工的工作、学习和生活等行为活动提出的具有约束力和一定强制性的准则和规范。

典型案例

××幼儿园园长在巡视时发现教师的办公室一片狼藉：手工课后的工具、纸张、废材等随处散放；大部分教师的办公桌上都放着饭盒、梳子等个人用品，办公桌下则堆放着教师自己的衣服、鞋子……

该园长看到眼前的景象虽然心中不满，但也没有马上发火，而是找来助理园长和全体教师一起讨论教师办公室的现状。讨论过程中，大家从自身的修养谈到园本教研，又谈到幼儿园的文化建设和办公室文化建设，后来有人主动提出制定一个本园的办公室文化建设制度。园长立即响应要求，大家又七嘴八舌地讨论制度的内容。

一周以后，由教师们自己讨论制定的一项新制度“诞生”了，那么，执行新制度后的教师办公室会出现怎样的景象呢？

第一课　托幼机构规章制度概述

制度是组织的基本活动准则，是任何一个组织正常运转的保证。托幼机构规章制度是托幼机构的“法”，是为实现托幼机构的目标，对托幼机构各项工作和对各类人员的要求加以系统化、条理化，对必须遵守的行为准则和工作规程的规定。

一、托幼机构规章制度的作用

建立托幼机构规章制度是托幼机构管理的一项常规性工作，也是实现科学管理的手段，在强化管理、提高工作效率和形成良好风气方面都具有重要的作用。

1. 保障作用

规章制度的建立，有利于保证托幼机构正常的教学工作秩序。

规章制度是管理的一项基础性工作。它具有规范性、强制性，制约组织成员按一定的要求去行动。通过建立健全托幼机构工作制度和各类人员岗位职责，事事有章可循，人人明确职责，从而形成正常的工作秩序，使托幼机构工作正常运转，在此基础上才有可能研究改进教学工作，提高质量。

2. 制约作用

规章制度的建立，有利于规范人们的行为，协调相互关系，提高管理成效。

制度是组织活动的准则，它与高效的管理存在着内在联系。托幼机构建立起一整套合理的规章制度，各部门、各层次、各方面人员对应当做什么，不应当做什么，怎样做事等有章可循、有法可依，可发挥对行为的制约规范作用。同时，规章制度还起着协调各方面工作和各类人员行为的作用，既各司其职、各得其所，又协调配合，使各方面力量有效地组织在共同的组织目标上，将群众的积极性纳入科学管理的轨道，提高工作效率和管理效能。

3. 导向作用

规章制度具有行为指向作用，有助于增强责任意识，建设良好风气。

托幼机构规章制度有着明确的目的要求，它表明这个组织提倡什么，禁止什么，应该怎样，不应该怎样，既是组织活动的准则，也反映了社会的道德规范和优良的文化传统，可以为全体组织成员指明行动的方向。

在贯彻执行托幼机构规章制度的过程中，各类人员各司其职、各负其责，逐步将外部的制约规范内化为行为主体的责任意识，自觉地加以执行，从而培养出良好的工作作风，并在全园、所、托形成健康的风气、纪律。合理的规章制度对于建设优良的组织文化具有重要意义，既为托幼机构提供良好的条件，又可以发挥教育感染作用，使托幼机构工作进入良性循环过程，进而为推动托幼机构发挥教育机构的文明辐射作用和改善社会风气产生积极的影响。

想一想

规章制度的建立对人们的意识和行为会起到怎样的作用？

二、制定托幼机构规章制度的基本要求

托幼机构规章制度的制定，是一项细致而又十分严肃的工作，应遵循以下基本要求。

1. 政策性

制定和实施托幼机构规章制度是一项政策性很强的工作。政策性，是指托幼机构制定的规章制度必须符合党和国家的政策法规，要符合党的教育方针精神和教育行政部门颁布的有关法规条例的规定，不能与之相违背。托幼机构规章制度应是党的方针政策与国家法规在托幼机构工作中的具体体现。托幼机构规章制度必须体现社会主义方向，托幼机构的保教工作、教师管理及财务、基建等，要与国家及上级教育行政部门的有关政策协调一致，要增强法制意识，实行依法治理。

2. 科学性

科学性，是指托幼机构的规章制度必须是科学的、规范的，要充分体现幼教工作的本质属性，符合教育与管理的客观规律。各项规章制度的基本要求和质量标准既要符合教师的劳动特点、婴幼儿身心发展规律，又应从本托幼机构实际情况和工作需要出发加以制定，使之具有可行性。规章制度的制定既要适合托幼机构现有状况，又要具有一定的先进性、前瞻性，发挥行为指向作用。要避免过高要求，简单盲目地照抄照搬现成条文，搞形式主义。托幼机构各项规章制度应保持目标一致并相互补充，形成整体系统，而不能互相矛盾。托幼机构规章制度条文要简明具体，要有明确的业务规范要求、工作程序和基本方法，便于记忆和操作。托幼机构管理者、领导者要以科学的态度检验规章制度的实施情况和实际效果，适时进行补充、修订。

3. 教育性

托幼机构的一切教育和管理工作，均具有教育性。托幼机构建立规章制度的根本目的是有利于实现教育目标，为培养社会主义建设者奠定良好基础。托幼机构要充分发挥规章制度作为教育手段的作用。制度的制定，要从人才培养、教育工作的实际需要出发，内容要有教育意义。制度的制定要让教职工参与，走群众路线，发动群众民主讨论，在集中正确意见、统一认识的基础上加以确立。这样，一方面可以使制度更切合实际，另一方面通过制定过程，激发教职工的积极性，明确制定的目的，认同制度规定的内容，从而提高执行的自觉性，实现自我管理与教育。

4. 稳定性

规章制度必须保持相对的稳定，使之在一定时间、一定条件下发挥管理功能，规范各类人员的行为，保证园所工作有稳定的秩序。在实施贯彻过程中，通过较长时间的教育和训练，帮助教职工形成良好的思想作风和行为习惯。托幼机构规章制度不能朝令夕改，否则必然使教职工无所适从，失去制度的严肃性和约束性。当然，随着形势的变化和认识的深化，托幼机构的管理制度也应随之修改完善，从而增强管理功能。

铸魂育人

教师职业行为

职业行为是一个人的职业意识和职业情感的具体实践，是职业道德的主体部分，也是衡量一个人道德水平高低的重要标志。托幼机构的教师的职业行为概括起来，主要表现为三个方面。

(1)忠于职守。忠于职守，忠于人民的教育事业是师德中基本的要求。这就要求每个教师组织好各项活动，陶冶婴幼儿的情操，丰富婴幼儿的知识，开阔婴幼儿的眼界，培养好祖国的下一代。教师为了完成历史赋予的崇高使命，必须忠于职守，这也是教师的主要职责。

(2)为人师表。我国古代教育家孔子说过：“其身正，不令而行；其身不正，虽令不从。”这就说明身教重于言教。尤其是婴幼儿可塑性大，模仿性强，教师的作风、习惯、言行都会对他们起潜移默化的作用。从某种意义上说，教师的道德水平，决定婴幼儿的道德水准。因此，教师一定要注意言传身教，成为婴幼儿的表率。

在个人品德上：关心集体，忠诚老实，勇敢坚定，善良正直，勤劳朴实，遵纪守法，等等。

在文明礼貌方面：谈吐文雅，举止端庄，穿着整洁，朴素大方，仪表端庄，彬彬有礼，讲究卫生。

在治学方面：勤奋刻苦，严谨治学，精益求精。

(3)勇于开拓。教师要不断开拓新视野，发展新观念，进入新境界，培养造就新型人才。

三、托幼机构规章制度的执行

想要充分发挥规章制度作为管理手段的作用，就要重视托幼机构规章制度的贯彻执行。托幼机构管理者应注意做好以下几个方面工作。

1. 注重宣传教育

托幼机构规章制度的贯彻执行必须注重宣传教育，在提高认识的基础上，强调自觉精神，在托幼机构形成一定的集体舆论；同时，托幼机构引导教职工增强是非观念和自我调控能力，自觉遵照执行。这样才能不断提高教职工的认识水平和维护规章制度的责任感，形成相互督促、共同遵守的氛围。

规章制度的宣传教育要通过多种形式，经常进行，每次宣传教育都要结合托幼机构工作的阶段性特点。

2. 领导者率先垂范

要使托幼机构各项规章制度顺利贯彻执行，成为全体教职工认同并遵守的“法”，托幼机构管理人员必须以身作则，带头严格执行，给全体教职工做出表率，发挥人格的影响作用。绝不能只要求教职工遵守，管理者则置身“法”外。

3. 严格检查督促

托幼机构的规章制度要成为具有约束力和强制性的“法”，就要注意制度执行的严肃性，要严格要求，认真督促检查，同时将检查与评价奖惩结合起来，加强指导。领导者与管理者要注意深入基层，了解和检查制度的执行情况，并给予指导督促。托幼机构可以定期和不定期地依据制度内容逐项检查，公布执行情况，及时肯定表彰执行好的，批评和处罚执行不良的或违反规章制度的。要坚持执行制度的一贯性、一致性，做到有章必循，避免前紧后松、因人而异，使制度切实发挥管理手段的作用，在托幼机构建立起良好的工作秩序，保证各项工作顺利进行。

在托幼机构管理中，领导者与管理者应通过规章制度的贯彻执行，引导教职工将外部的规范内化为自觉意识，从而强化责任感，培养起良好的工作作风，并形成健康向上的风气、纪律，推动组织文化建设。

做一做

某幼儿园在每学期的第一周进行集中教育，反复讲解各项制度的目的意义和基本要求等。该幼儿园的做法(　　)。

A. 体现了注意宣传教育

B. 体现了领导者率先垂范

C. 体现了托幼机构制度执行的严肃性

D. 体现了托幼机构良好的工作秩序

单元练习

一、单选题

1. 托幼机构建立规章制度的根本目的是(　　)。

A. 实现教育目标　　B. 约束教师行为

C. 实现园所发展　　D. 节约成本资源

2. 规范人们的行为体现的是规章制度的(　　)作用。

A. 制约　　B. 协调　　C. 保障　　D. 指引

二、多选题

1. 托幼机构规章制度有(　　)作用。

A. 保障　　B. 制约

C. 导向　　D. 统领

2. 制定托幼机构规章制度的基本要求有(　　)。

A. 政策性　　B. 科学性　　C. 教育性　　D. 稳定性

3. 托幼机构制度的执行应注意(　　)。

A. 注重宣传教育

B. 领导者率先垂范

C. 严格检查督促

D. 全面综合考虑

三、判断题

1. 托幼机构规章制度的建立，有保障作用，制约作用和导向作用。(　　)

2. 幼儿园的规章制度可以经常修改其内容。(　　)

课后练习答案

第二课　托幼机构规章制度的类型

托幼机构规章制度的管理效能涉及托幼机构工作的各个方面，主要包括：确定组织系统各层次各部门的工作制度与人员职责；确定托幼机构和各部门工作学习的秩序和标准；制定教职工行为规范；对各类活动协调管理的规定。

托幼机构规章制度有两大类：一是国家立法机关即全国人民代表大会及其常委会和各级政府及其教育行政部门等统一制定的教育法规和有关的规章制度，如《中华人民共和国教育法》《中华人民共和国教师法》《幼儿园管理条例》《幼儿园工作规程》等，以及地方制定的幼教行政法规、有关的管理办法、制度规章等。二是托幼机构依据国家法律和教育行政部门制定的法规，结合托幼机构实际自行制定的规章制度。托幼机构自行规定的规章制度主要包括：全员性规章制度、部门性规章制度、考核与奖惩制度。

想一想

为什么要建立托幼机构的规章制度？

一、全员性规章制度

全员性规章制度可以起到指导、组织集体的共同活动，统一各类人员行为，建立工作常规和行为规范的作用。托幼机构应根据总目标和培养优良风气的要求，制定出一整套指导集体活动的规章制度，使各部门各类人员的工作、学习和生活有一套统一的准则或规范。如教职工职业规范或工作守则，教职工考勤制度、交接班制度、值班制度、学习制度，以及个人卫生与环境卫生制度等。另外，还应注意建立收托儿童制度、接送制度、安全制度、家长联系制度等，使全体教职工知晓并遵照执行。

下面列举几类全员性规章制度细则：

1. 托幼机构考勤制度

(1)全体教职工必须严格遵守作息制度，不迟到、不早退、不随便请假。

(2)教职工因事请假必须经托幼机构负责人批准，病假须出具医院病假条方能生效，凡未请假或请假未经托幼机构负责人批准而离开岗位者按旷工处理。

(3)因事需临时调班，必须经保教主任批准，不能随便调班。

(4)凡托幼机构规定的学习教研活动时间及集体活动时间，晚到者按迟到处理，不到者(特殊情况除外)按旷工论处。

(5)当班或值班时间，一律不接待亲友，不接私事电话，不能因私事离开婴幼儿。

(6)一月公布一次考勤，并将考勤列入奖惩、评比条例中。

(7)病假、事假休假期满后，必须在规定时限前销假。因特殊情况，临时不能赶回来请假者，事后要主动补假，并说明理由，否则按旷工论处。无特殊情况，不请假者一律按旷工处理。

2. 家长联系制度

(1)建立家长委员会，定期召开会议，每学期两次，向家长委员会汇报托幼机构工作计划和工作情况，虚心听取家长意见，不断改进工作。

(2)各班设立“家园联系本”(或联系卡)，及时与家长交换意见，同步教育好婴幼儿。

(3)园内和各班设立“家长园地”，宣传科学育儿的知识。

(4)各班定期向家长开放半日(每学期 1—2 次)，让家长了解婴幼儿生活、学习情况，并虚心听取家长意见，改进本班工作。

(5)托幼机构负责人定期在托幼机构门口接送婴幼儿来园和离园，及时听取家长意见和要求。

(6)保教人员定期有计划、有目的地进行家访，了解婴幼儿在家生活和行为习惯情况，并征求家长意见。

(7)设立征求家长意见的“意见箱”，随时听取家长要求和建议。

(8)开通网络平台，设立家长园地，开展网上交流活动。

想一想

小于是××幼儿园一位工作很有激情的教师，很受幼儿和家长喜爱。在一次幼儿体育活动平衡木练习中，前面的幼儿安全地穿过老师设置的障碍走过平衡木，突然一名年龄较小的幼儿不小心滑倒摔下平衡木造成手臂骨折。

该园的安全制度规定：“凡有事故者，均实行一票否决，同时按事故的程度负担所有费用的 40%，扣除当年部分奖金，不评选先进，不评优。”园长据此对小于进行处罚。在具体处理此事时，很多教师认为幼儿园处罚过重，认为是幼儿太小，本来就容易出现意外，如果一出意外教师就受重罚，教师就不敢让幼儿到户外活动了。

该案例中事故的责任人是谁？你认为园长按制度处理是否妥当？

二、部门性规章制度

托幼机构部门性规章制度明确了各层次、各部门人员的工作任务和职责，具有加强科学管理的作用。幼儿园部门性规章制度如表 5-1 所示。

表 5-1　托幼机构部门性规章制度

托幼机构部门性规章制度	主要内容
行政管理部门会议制度	教职工代表大会制度、园务会议制度、年级组长会议制度、班主任会议制度、教研组长会议制度、家长会或家长委员会制度，以及卫委会、伙委会制度等
卫生保健部门规章制度	生活作息制度、健康检查制度、体格锻炼制度、营养膳食制度、疾病防备制度、消毒隔离制度及卫生保健登记制度等
保教部门规章制度	学籍管理制度、保教人员工作常规、备课听课制度、计划与记录制度、保教质量全面检查制度、教研活动制度等
总务部门规章制度	财务管理制度、伙食管理制度、采购验收制度、档案管理制度、安全保卫制度及庭院管理制度等

下面列举几类部门性规章制度细则：

1. 保教部门的备课听课制度

(1)教师必须认真学习《幼儿园工作规程》和《幼儿园教育指导纲要(试行)》，以该规程和纲要为依据，研究制订好各类教育教学计划。

(2)认真学习教育理论知识，不断吸收新的信息，并积极运用于备课。

(3)深入钻研教材，结合本班婴幼儿年龄特点和实际发展水平备好课，突出重点，突破难点。

(4)按时按质制订好系列计划，如学期计划、月计划、周计划、日计划、课时计划、游戏计划等，每周写一篇以上的观察笔记和教育笔记。每周五上午准时将下周计划和笔记交园领导审阅。

(5)备课时间除做案头工作外，还必须制作教育活动所需的各种教具、学具，准备提供各种玩具、材料。

(6)坚持集体备课与个人备课相结合。主班教师每天下午准时来备课室备课，配班教师每日上午准时来备课室备课。

(7)备课时不得外出或闲谈，不做与备课无关的事情。需要外出时需向园领导请假，经同意后，方可外出。

(8)鼓励改革、创新，每学期进行一次评比，对设计新颖、富有创造性的计划、笔记、教案、教育活动设计等予以奖励。

(9)组织相互听课、相互学习，认真做好记录和评议工作。

(10)园长每学期必须有针对性地下班听课 40 次以上，保教主任下班听课 80 次以上，做好听课记录，及时进行评议，肯定成绩、找出差距，提出建议和希望。

2. 总务部门的门卫制度

(1)按照规定的时间，及时开、关园门。

(2)外来人员必须登记，经允许后方能入园。参观来访人员须出示介绍信或有关证件。

(3)严禁外来机动车辆进入托幼机构。园属车辆必须停放在指定地点。

(4)加强节假日值班保卫工作，安排好值班人员，并认真做好值班记录。

(5)外来人员不能在园留宿，特殊情况需经园领导批准。

(6)门卫人员必须坚守岗位，切实做好安全保卫工作。婴幼儿接送时间，认真做好接待工作，严防婴幼儿走失。

做一做

下列哪些项目属于幼儿园保教部门的规章制度？(　　)

A. 生活作息制度

B. 疾病防备制度

C. 学籍管理制度

D. 备课听课制度

三、考核与奖惩制度

知识拓展：幼儿园规章制度范例

托幼机构有了岗位责任制，还须建立考核奖惩制度与之相配套，从而保证岗位责任制和其他规章制度的贯彻执行。否则，没有考核评价就可能造成有章不循，托幼机构各项规章制度就可能流于形式，各项工作就会难以落实。同时，托幼机构对各类人员工作状况如不及时给予奖惩，也会挫伤广大教职工的积极性。托幼机构将考核奖惩制度与岗位责任制和其他规章制度有机结合，可以赏功罚过、功过分明，既体现了管理法规的严肃性、有效性，又可起到激励组织成员尽职尽责、建设奋发向上的工作集体的作用。

1. 考核奖惩原则

(1)考核原则

①加强师德教育，使教职工牢固树立“一切为了孩子”的教育观和儿童观，乐意为幼教事业做贡献。

②以事实为依据，以国家或教育行政部门的有关规定为准则，以各类人员工作岗位职责为依据，以按劳分配为原则，力求如实全面地反映教职工的工作业绩大小、工作任务多少、工作态度好坏、业务水平高低，做好考核工作，并认真做好记录，为教职工晋升职务和提升工资提供依据。

③对教职工的考核必须坚持公开、公正、公平的原则，增加透明度，考核结果告知教职工本人。

(2)奖惩原则

①奖励必须与考核相结合，做到奖勤罚懒，奖优罚劣，有功者奖，有过者罚。奖惩有据，赏罚分明，使奖惩经得起历史的检验，促进教职工素质和保教质量提高。

②奖励和惩罚相结合，以奖励为主；精神奖励和物质奖励相结合，以精神奖励为主，奖励的程度必须与贡献相符；教育与处分相结合，以教育为主。

③惩罚的根本目的在于教育和挽救同志，对教职工实施惩罚时，必须坚持“惩前毖后、治病救人”的方针，耐心地做思想转化工作，并允许其提出不同意见或向上级机关提出申诉。

④托幼机构所制定的考核奖惩制度须经全体教职工大会通过后再严格执行。

2. 考核内容

(1)德——道德品质

①认真执行和遵守党和国家的各项方针政策及有关教育法规。

②要遵守托幼机构各项规章制度。

③公正廉明、关心他人。

(2)能——从事本职工作的能力(分析问题和解决问题的能力以及独立工作的能力)

①具有相当的学识水平。

②具有一定的工作能力。

③具有履职所需的身体能力。

(3)勤——勤奋(积极性、纪律性、责任感、出勤率)

①有良好的工作态度和事业心、工作责任感，具有服务精神。

②肯学肯钻、任劳任怨、达到规定的出勤率。

(4)绩——工作的实际贡献

①如期、保质、保量完成工作。

②工作中要具有创造性、工作效率和效果等。

3. 考核办法

(1)实行平时、日常随机检查与定期考核(月、学期、学年)相结合的办法。

(2)实行部门负责人和托幼机构负责人认定相结合的分级考核。

(3)单项考核和综合考核相结合。

(4)年度考核办法为自我评估、群众监督、考评小组认定相结合。

单元练习

一、单选题

1.《幼儿园工作规程》和《幼儿园教育指导纲要(试行)》属于(　　)规章制度。

A. 全员性　　B. 考核与奖惩

C. 国家教育部门制定的　　D. 部门性

2. 下列属于全员性规章制度的是(　　)。

A. 岗位责任制度　　B. 教职工交接班制度

C. 考核与奖惩制度　　D. 卫生保健制度

3. 为确保幼儿在园内的人身安全和身体健康而制定的制度是(　　)。

A. 收托幼儿制度　　B. 幼儿接送制度

C. 安全制度　　D. 家长联系制度

4. 下列不属于卫生保健部门规章制度的是(　　)。

A. 生活作息制度　　B. 消毒隔离制度

C. 体格锻炼制度　　D. 伙食管理制度

二、多选题

1. 托幼机构可以制定哪些部门性规章制度(　　)。

A. 行政管理部门会议制度

B. 卫生保健部门规章制度

C. 保教部门规章制度

D. 总务部门规章制度

2. 托幼机构的考核内容主要包括(　　)。

A. 德　　B. 能　　C. 勤　　D. 绩

三、判断题

1. 托幼机构不同班级的活动内容、时间长短等安排是一样的。(　　)

2. 托幼机构在制定生活制度时，应考虑到不同性质的活动轮换进行，做到劳逸结合、动静交替。(　　)

课后练习答案

3. 婴幼儿一日生活的安排，既应该保证一定的稳定性和规律性，同时又应该具有相对的灵活性。(　　)

思考与练习

一、基础练习

1. 简述托幼机构规章制度的作用。

2. 简述托幼机构规章制度的执行应注意哪些问题。

二、实践练习

根据你所了解的某所幼儿园的情况，收集该幼儿园的规章制度，分析这些制度是否符合该幼儿园的实际情况，并提出一些建议。

思考与练习答案

单元测试题

幼儿园教师资格考试模拟测试题

单元六　托幼机构环境基本要求

学习目标

1. 能够明确掌握托幼机构室外环境创设的基本要求。

2. 能够明确掌握托幼机构室内环境创设的基本要求。

3. 能够结合不同托幼机构的具体地理特点进行有针对性的室内外环境创设。

单元导读

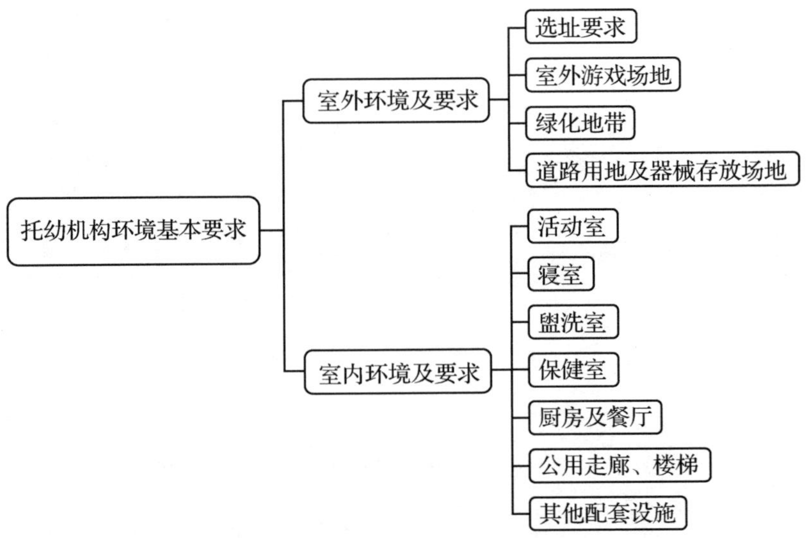

生命的初期一定要从环境储存大量讯息，这也是心智活动最频繁的时期，从环境中吸收一切事物。托幼机构环境的合理创设不仅为婴幼儿身心健康发展提供基础保障，而且有助于激发婴幼儿创造的潜能。

典型案例

近期，北京一所建在四合院之上的幼儿园备受瞩目。建筑“鬼才”马岩松将拥有300年历史的四合院打造成了让婴幼儿“上房揭瓦”的幼儿园。灰色的古树、庭院、屋檐、砖瓦与红黄交错的缓坡屋顶交相呼应，婴幼儿肆意奔跑、尽情玩耍，成为令人向往的幼儿园。有人惊叹于新旧建筑的完美融合，有人追忆童年的自由快乐，也有人质疑这样的幼儿园是否能为婴幼儿的成长加分。

那么托幼机构在室内外环境创设上有哪些布置要求呢？需要为婴幼儿提供何种游戏素材呢？

第一课　室外环境及要求

红果果幼儿园老师反映，最近室外活动时间很难带动婴幼儿的游戏积极性。幼儿园对面近期在施工，每天都有很多铲车、吊车作业，一到室外，婴幼儿就被轰隆隆的声响吸引，好奇地扶着栅栏张望，比起园内单一的游戏设施，“外面的世界”好像更加有趣。

那么为了保证婴幼儿室外游戏活动的质量，托幼机构应该将园所建在何处？室外场地又应如何布局？

一、选址要求

托幼机构选址是托幼机构建筑设计的前提条件，是成功开办托幼机构的重要因素，必须考虑到托幼机构的周边环境、交通环境、居民居住情况等问题。托幼机构设置应该按照“因地制宜、规模适度，安静安全、远离污染，就近入园、方便接送”的原则，在具体选址上有以下四方面要求。

1. 靠近居民区

一方面，城市新建住宅区应规划建设与居民人口相适应的托幼机构。另一方面，托幼机构应设置在靠近居民区的位置，使婴幼儿入托、入园方便，途中安全，且便于家长接送。托幼机构的设置一般来说服务半径不宜过大，一般适宜的服务半径不超过 500 米，故大多数托幼机构的基地都位于居住区中心。

2. 无污染、无噪声

托幼机构选址时应考虑选择环境清洁、安静、空气新鲜的地区，尽量避开污染严重的工业区，园、所、托周边噪声不应超过 50 分贝。为给婴幼儿营造安静的学习氛围，托幼机构应远离交通干线和闹市，减少与游艺场、歌舞剧团、公共交通站点、集贸市场等毗邻。

知识拓展：噪声的影响

3. 日照充足，排水良好

托幼机构要选择建在地势平坦、场地干燥、排水通畅、日照充足的地段。在地势相对平坦、阳光照射充足的地方，一方面可以保证室外活动场地干燥、不积水，令婴幼儿畅快地奔跑游戏；另一方面，适当地接受光照，有助于促进钙的吸收，辅助婴幼儿骨骼发育。

4. 用地面积应符合规范要求

在选址时，要考虑修建房舍及其附属建筑物所需的场地、婴幼儿户外活动所需的场地及充足的绿化面积。托儿所室外活动场地人均面积不应小于 3 平方米。幼儿园每班室外活动场地面积不小于 60 平方米，各个班级活动场地之间应注意分隔，并且要设有全园共用活动场地，人均面积不小于 2 平方米。共用场地面积 $M=180+20(N-1)$，M 为面积(平方米)，180、20、1 为常数，N 为班级数。

二、室外游戏场地

自主游戏能满足婴幼儿的生理和心理发展需要，是一种特殊的教育活动。户外自主游戏为婴幼儿提供了更为广阔的游戏空间，其自发、自由、自主的游戏状态为婴幼儿的创造力、想象力、思维能力、语言表达能力的发展提供了更多的可能。因此，托幼机构应当设有室外活动场地，配备适宜的游戏设施，且有相应的安全防护措施。在保障安全的前提下，可利用附近的公共场地和设施设备。

(一)室外游戏场地创设原则

托幼机构在创设室外游戏场地时要考虑两方面的内容：实际需要和实际条件。这既要从托幼机构自身的环境条件、经济条件等实际条件出发，又要结合托幼机构本身的建设理念、发展方向等实际需要。

1. 安全性原则

安全性原则主要指室外游戏场地的地面安全和游戏器械、设备、材料的安全。其中，地面安全是指要充分考虑地面的软硬程度、铺设材料的气味以及安全性能等。安全性原则是托幼机构环境创设中最基本的原则。

托幼机构的建筑要求坚固、安全，建筑材料必须经久耐用，才能实现防火灾、防冲击、防风、防水等功能，便于安全疏散。建筑高度、楼梯、扶手、栏杆、走廊、过道等，应符合国家建筑设计规范的有关要求。托幼机构的活动以及婴幼儿所需的设施和设备、玩耍辅助教材也应符合安全标准。同时，还要有专门的人员负责检查和维护，以便防范出现问题。

2. 因地制宜性原则

托幼机构在创设室外游戏场地时，其一要注意保留场地自然地理的特点，如室外的小山坡、小水坑等；其二要注意就地取材，如浙江安吉盛产竹子，有“中国第一竹乡”的美誉，故在此地建托幼机构可以利用竹子，进行游戏材料的制作或室外游戏场景的搭建；其三要注意沙、水等自然材料的运用，科学研究表明，婴幼儿与自然环境的充分接触可以帮助其减少负面情绪、提升心理健康。

3. 可接近性原则

托幼机构要尽量做到让室外游戏场地紧挨活动室，这样可以方便婴幼儿安全、自由、迅速进入户外并充分与自然相接触。例如，可以利用活动室屋顶平台进行室外环境创设，或将树木、织网等作为连接室内外的工具，辅助婴幼儿通过攀爬的方式进入室外。

4. 趣味性原则

一方面，注意增加立体空间，当今大部分托幼机构由于受空间场地限制，故将室外游戏场地向立体空间发展。如将滑梯与粗壮的大树相连接环绕，使游戏空间由下到上、由低到高以多种层次组合，从而增加婴幼儿游戏的挑战性和趣味性。另一方面，注意组合连接，托幼机构要考虑各个区域间的有机联系和融合。如可以在种植区的旁边设置一个地下半层的地洞，令婴幼儿体验自由探索土地、昆虫等乐趣。

5. 多样性原则

知识拓展：中班体育活动——玩轮胎

为了满足婴幼儿游戏的需要，托幼机构要尽可能地为婴幼儿提供多种活动类型和多种游戏材料，从而使婴幼儿通过感知各种环境和材料，进行感官刺激。室外游戏材料可以包括轮胎、矿泉水桶、PVC 管、竹梯、木板等，室外游戏场地可以包括质地细软的沙地、泥地，高低起伏的草坡、隧道等。

6. 经济性原则

托幼机构要思考如何利用最低投入使婴幼儿获得最大限度的快乐，例如可多为婴幼儿提供半成品材料、废旧物品等，激发婴幼儿的创作愿望。其中，废旧物品的收集可通过家园合作，向家长寻求材料支持。例如，可以请家长把家里不用的纸箱、奶粉罐、塑料瓶、卫生纸纸筒等带到园所，供教师和婴幼儿一起制作玩具。

(二)室外游戏场地设置要求

托幼机构室外共用游戏场地应考虑设置游戏器具、30 米跑道、沙坑和戏水池(其贮水深度不宜超过 0.3 米)等，还要注意增加适合婴幼儿高度的洗手池和洗脚池。其中对于大型组合运动器械区的游戏器具应下地面，且周围应设置软质铺装，要求该软质铺装有距地面 0.2—0.3 米厚、距外缘 1.8 米的防冲撞区域。

在区域划分上，托幼机构室外活动场地对婴幼儿的活动具有一定的暗示作用，集体运动场、大型组合运动器械区、玩沙玩水区、种植养殖区、自然区、投掷区、攀爬区、美工涂画区、车道等不同区域，能引发婴幼儿不同的游戏行为和游戏体验，从而获得综合素质的全面提升。婴幼儿的身心处于不断发展阶段，无论使用何种区域划分方法，该区域的材料、设施、活动形式、活动内容、功能定位等都不应该固定不变，应因时、因地、因内容而变化，以满足婴幼儿多样的发展需求。

(三)室外游戏材料投放要求

《纲要》指出，幼儿园要提供丰富的、可操作的材料，为每个幼儿都能运用多种感官、多种方式进行探索提供条件。室外活动场地材料是教师根据教育教学内容，在户外活动中有目的地为婴幼儿提供的各类材料。不同的活动需要不同的材料，如何利用材料是托幼机构开展户外活动最为关键的一环。

1. 材料数量

知识拓展：如何丰富幼儿的室外游戏活动？

充分、新颖的材料可以减少婴幼儿消极的等待、毫无目的的闲逛、不友好的攻击等行为，并能显著提高婴幼儿的学习效率。因此，托幼机构应为婴幼儿提供数量充足、功能多样，符合婴幼儿兴趣爱好的操作材料。

2. 材料类型

一般来讲，婴幼儿在大型、组合器械上活动时，比在小型、单一功能器械上活动时表现出更多的象征性游戏和竞争性游戏。不同年龄阶段的婴幼儿与材料接触时会产生不同的体验，建构出不同的经验，从而获得不同程度的发展。因此，托幼机构给予婴幼儿尽可能多的自主选择机会，让婴幼儿根据自身需要自行选择游戏材料是必要的。此外，不应将材料的类别划分得过细，因为只有多种材料进行多种不同组合，才能帮助婴幼儿获得更多的游戏经验。

3. 材料投放方式

婴幼儿通过操作游戏材料实现游戏的娱乐功能和教育功能，游戏材料的投放方式直接影响婴幼儿的游戏行为。因此，托幼机构材料的投放应关注对婴幼儿的可接近性，可接近性一方面会影响婴幼儿使用材料的频率，另一方面也会影响婴幼儿注意力集中的时间以及教师对婴幼儿的指导。除此以外，静态活动材料和动态活动材料应分开放置，以避免活动空间的互相干扰。

4. 材料的设计与配备

关于托幼机构室外活动场地材料的配备，国家和部分地方政府都有相应标准[如原国家教育委员会颁布的《幼儿园玩教具配备目录》(1992 年)]。随着社会和经济的不断发展，各地都依据当地发展情况，在国家标准的基础上，制定了适合当地的托幼机构玩教具配备标准。

游戏材料应根据游戏、环境与设施构造等特征做整体性思考和设计，单元化的游戏材料不仅有利于进行弹性组装，而且体现了经济性、灵活性。托幼机构的户外活动器械并非只有购买这一渠道，很多设施、材料的功能可以在场地建设中实现，如利用自然界随处可寻得的废旧物品(如石子、树叶、贝壳等)，以及日常生活中的废旧物品(如纸箱、塑料瓶、废旧轮胎等)自制户外活动器械，或者借助高低不平的土坡设置多种变化的台阶，抑或尽可能多地使用如平衡木、圆环等低结构的户外活动器械。

三、绿化地带

《托儿所、幼儿园建筑设计规范》(2016 年修订版)规定："托儿所、幼儿园场地内绿地率不应小于 30%，宜设置集中绿化用地。"著名教育家陶行知先生将大自然看作一种宝贵的教育资源，他曾说："我们要解放小孩子的空间，让他们去接触大自然中花草、树木、青山、绿水、日月、星辰。"《幼儿园教育指导纲要(试行)》中也明确指出：幼儿园应培养孩子"爱护动植物、关心周围环境，亲近大自然，珍惜自然资源，有初步的环保意识。"而托幼机构中的自然性主要来自室外环境的绿化。绿化的花草树木不仅为托幼机构提供了美化装饰，而且为婴幼儿探索自然提供了物质基础。

另外，还有研究表明：绿化带是一种"天然消声器"，绿化的宽度与噪声的减弱程度成正比关系。在托幼机构附近建造一个绿化带，可以大大减少噪声和废气对托幼机构的危害。噪声通过绿化带时，经过树叶和绿草的多次反射和吸收，就会削弱声波的能量，从而达到消声和降噪的效果。

托幼机构建筑物的周围、道路两旁、场地周边都应种植树木、栽培花卉。但要注意不能影响室内的采光，不准栽种结有毒果实和带刺的树木。具体种植要求如下：其一，在树木品种选择上，注意高大乔木与低矮灌木相结合。高大的乔木可以在炎热夏季提供阴凉，低矮的灌木不仅可以用于场地间的分隔，而且可以作为婴幼儿近距离观察的植物。其二，适当添设藤蔓、花坛和草坪。其中草坪要选择耐踩踏、可自我修复的品种，这更有利于婴幼儿开展各类跑、跳、翻、滚、爬等游戏。其三，避免种植有毒、带刺、有飞絮、病虫害多、有刺激性的植物。其四，在栽种的位置上，建议托幼机构建筑物的西窗外，可以种植较高的落叶树，夏季用以遮阴，冬季树木落叶，不影响室内的采光。场地四周临街的地方，应多种茂密的常青树，以防风沙和噪声。室外活动场地的中心，不宜建造单纯以装饰为目的的水泥花坛和花架，以免缩小婴幼儿的活动场地或发生意外事故。

想一想

下列哪一种植物适宜在托幼机构进行种植？（　　）

A. 玉兰花　　B. 夹竹桃　　C. 柳树　　D. 山谷百合

四、道路用地及器械存放场地

（一）道路用地

道路用地主要包括园内干道、庭园道路及杂物院等用地。

室外的道路除供婴幼儿正常行走外，还可将路面丰富起来，如添设跨越障碍、缓坡、S形弯道，或用圆圈、线条等图形绘制一些方便婴幼儿跑、跳、列队的记号，使托幼机构的各个角落都具有一定的趣味性和探索性。除此以外，室外道路还可根据需求以不同材质进行铺设，如沙土地、橡胶地、草地、石子路等。

（二）器械存放场地

器械存放场地用于收纳和取放室外各种大中小型游戏材料。

1. 场地布置建议

托幼机构设置器械存放场地有以下建议。其一，建议采用封闭式空间，以免游戏材料因长期暴露在室外（尤其是暴晒和雨淋）而缩短使用寿命。其二，建议将存放场地进行区域划分，有条件的托幼机构可以按照游戏材料的不同规格、品类制作对应尺寸的收纳工具。这样使得场地内的游戏材料一目了然，既便于取放又安全美观。托幼机构可以利用多种材料制作收纳工具，如在墙面上钉挂钩以悬挂小型体育器械，在地面放置儿童三轮小车存放架使车辆有序摆放等。

2. 材料存放要求

托幼机构游戏材料存放不仅对教师提出要求，而且应将这一工作作为对婴幼儿物品收纳能力的培养。那么在材料存放上就要注意将摆放要求细化。其一，游戏材料不宜摆放过高，建议在配置置物架时以托幼机构婴幼儿平均身高作为高度参考，一般不宜超过三层，以防材料掉下砸伤婴幼儿。其二，建议按照游戏材料的功用、大小等分类摆放，并在相应的收纳区域做出图片标识，以便材料取放。其三，建议在器械存放场地入口处张贴游戏材料取放说明，提醒教师和婴幼儿有序拿取，以帮助婴幼儿建立规则意识。

做一做

缺少规则意识的孩子，是无法顺利学习的。明确的规则意识有助于婴幼儿养成良好的物品收纳习惯。那么，如何实现器械存放场地规则的高效践行呢？

铸魂育人

本节内容以实地观察和实践为载体，让学生了解托幼机构内外环境，熟悉当前环境现状，并深入思考环境与发展的关系，以培养学生对环境保护的责任感，引导学生树立良好的环境观、人生观、价值观。

结合托幼机构周边的环境布局，组织学生开展“为婴幼儿撑起一片蓝天”的小组讨论活动，让学生明白城市合理规划与城市环境治理是践行环境保护与可持续发展，实现人与自然和谐发展，保证人类文明延续的重要途径。

单元练习

一、单选题

1. 幼儿园室外环境创设不包括(　　)。

A. 活动室　　B. 建构区

C. 大型组合器械活动区　　D. 沙水游戏区

2. 创设幼儿园环境时应注意保留场地自然地理特点，并注意就地取材，这体现了(　　)原则。

A. 安全性　　B. 可接近性

C. 多样性　　D. 因地制宜性

3. 托幼机构的具体选址要求不包括(　　)。

A. 靠近居民区　　B. 日照充足、排水良好

C. 靠近公共交通站点　　D. 用地面积符合规范要求

4. 下列哪一种植物不适宜在幼儿园进行种植？(　　)

A. 柳树　　B. 爬山虎

C. 玉兰花　　D. 香樟树

二、多选题

1. 下列属于托幼机构室外游戏场地创设原则的是(　　)。

A. 安全性　　B. 因地制宜性

C. 美观性　　D. 多样性

2. 为使幼儿园的室外道路路面丰富起来，可添设(　　)。

A. 缓坡　　B. S形弯道　　C. 绘制图形　　D. 可跨越障碍物

课后练习答案

三、判断题

1. 园所周边噪声不应超过50分贝。(　　)

2. 托儿所室外活动场地人均面积不应小于2平方米。(　　)

3. 幼儿园室外道路可根据需求以不同材质进行铺设，如沙土地、橡胶地、草地、石子路等。(　　)

4. 幼儿园的游戏材料摆放得越高越好，这样可以节省很多场地空间。(　　)

第二课　室内环境及要求

红果果幼儿园家长反映，该幼儿园的区域划分不正规，根本没有专门供婴幼儿午休的场所。每天午睡前，老师会把简易床一个挨一个地摆放在活动室内，床与床之间紧紧挨在一起，婴幼儿想起来上个厕所都困难。万一再碰上有婴幼儿感冒发烧，床铺之间离得这么近，怎么能保证每个婴幼儿的健康安全呢?

那么，托幼机构的寝室是否需要单独成间?寝室环境的具体布置要求有哪些?除了寝室，室内其他区域的环境又有哪些布置要求?

一、活动室

托幼机构的活动室是婴幼儿生活单元中供婴幼儿进行各种室内日常活动的空间，是婴幼儿生活的具体环境，是婴幼儿在家庭之外最先接触的生活环境，也是婴幼儿学习和游戏的主要活动场所。

(一)活动室的基本布置要求

1. 采光

为给婴幼儿健康成长创造良好的环境，托幼机构活动室应明快、敞亮，有充足的日照和均匀的天然采光，日照时间满窗每日不少于 3 小时，夏季应避免阳光直射。条件允许的情况下，选择坐北朝南建筑，如受建筑因素影响，需安装灯源，一般每 10 平方米配置 20 瓦灯源。要合理设计活动室的进深，当活动室进深较大时，必须采用双面采光，以免因进深过大而造成活动室采光不均匀、通风不畅和部分面积阳光照射不到。目前托幼机构活动室多为单面采光，为防止活动室进深过大，影响室内采光，规定单侧采光的活动室，其进深不宜超过 6.6 米。

2. 面积

托幼机构活动室面积根据婴幼儿的活动需要确定，每个婴幼儿所需面积为 1.3—2.7 平方米。托幼机构单独活动室面积不应小于 15 平方米，若含午睡室，则整体活动室面积不应小于 50 平方米(其中，寄宿制幼儿园务必将活动室与寝室分开)。

3. 门窗

托幼机构活动室窗户要以方便婴幼儿远眺为主，在外形上要宽大明亮，地面与窗台面之间的距离不宜大于 0.6 米。活动室的门应以对开式为宜，宽度为 1.2—1.6 米，门把手高于地面 1.2 米，以免伤及婴幼儿。门上应设观察窗，观察窗应安装安全玻璃。门的材质以木质为首选。除此以外，活动室的设计应遵循防火规范的有关规定。房间最远一点到门的直线距离应小于 14 米。最好设两个门，门宽大于 1.2 米，若只有一个门，则门宽应大于 1.4 米且最好外开。《托儿所、幼儿园建筑设计规范》(2019 年版)指出："生活用房开向疏散走道的门均应向人员疏散方向开启，开启的门扇不应妨碍走道疏散通行。"

4. 地面

托幼机构活动室以铺设地板为宜，以确保地面的软度。首先，地面是婴幼儿直接接触的界面，它的材料性能与施工做法直接关系到婴幼儿的身体健康和室内的卫生条件。其次，托幼机构应从安全、卫生、保温的角度考虑，活动室地面不应采用水泥地面或水磨石等凉性地面。因为这种材料的地面使婴幼儿的脚感太生硬，没有弹性，婴幼儿容易摔伤，又容易起灰尘，不易清洁，尤其是婴幼儿在活动室经常坐在地面上活动，硬质、凉性地面对婴幼儿的健康十分不利。最后，活动室是婴幼儿活动的主要场所，一天中，婴幼儿的大部分学习、玩耍时间都在活动室，所以对活动室的地面要求较高。为了能够让婴幼儿畅快、舒适地进行爬、走、跑、跳等基本身体活动，托幼机构需铺设软性地面，并且要为婴幼儿留有足够活动的场地面积。

托幼机构活动室形状多为矩形，也可采用圆形、六边形或其他形状。活动室平面布置应考虑多功能使用要求，保证活动圈半径不小于 2.5 米。

(二)活动室的具体创设要求

有效利用活动室的空间。空间连接着婴幼儿，它给婴幼儿关于玩什么和到哪里玩的信息，让他们明了各种情况。婴幼儿可以感觉到空间的可变性和不变性。在婴幼儿教育环境中，空间不断地去适应婴幼儿的兴趣和需要，适应教师的创造性影响，以及适应各种紧急需要。

1. 合理布局活动室

托幼机构活动室内各项家具设备的摆设和活动区角的布局要从整体出发，统一考虑。既要确保室内各个活动区之间通道的畅通，以便于婴幼儿来回走动及教师以全局角度对婴幼儿进行观察和指导，也要注意考虑各个活动区的区域性质，安静的区域要与喧闹的区域分开布局，活动性质相近或可开展联合游戏的区域应安排在一起，以便于各区域婴幼儿相互交往、协作，从而深化游戏内容、丰富游戏情节。

2. 创设互动环境

创设具有参与性、多元性和渗透性特点的互动性环境是促进婴幼儿探索、感知以增加婴幼儿经验的良好途径。

在具体环境布置上，托幼机构要以婴幼儿为主体，注意考虑婴幼儿的年龄和身体生长特点，尽量做到“两低”，即视角放低、视线压低。既要以婴幼儿的眼光和需要来布置活动室，又要以婴幼儿的视线高度或婴幼儿踮一踮脚能够到的高度为创设标准。例如，托幼机构可以将室内装饰物放置于婴幼儿视线水平的高度，令婴幼儿感受到自己被平等对待，使婴幼儿能置身其中，真实体验到触碰实际物品的快乐。并在这一过程中能够充分发挥婴幼儿的想象力，同其中的内容和形象形成有效交流和“互动”。这意味着原本作为环境布置的单纯装饰物，在高度下移的调整下变成了具有真正教育意义和能够参与婴幼儿“互动”的教室环境组成部分，使婴幼儿的教育活动主体地位得以充分实现。

3. 有效拓展空间

在托幼机构中，婴幼儿的艺术作品占据“半壁江山”，如何以合理的方式呈现出来，是托幼机构需要思考的问题。例如，托幼机构可以将活动室空间拉高，将婴幼儿的作品悬挂在吊顶上，或利用风琴文件夹将婴幼儿的作品装订成册。

知识拓展：如何设置阅读区？

不仅如此，托幼机构还要合理划分游戏区域，以实现活动室空间的充分利用。婴幼儿的游戏区域包括角色区、表演区、科学区、益智区、建构区、美工区、音乐区、阅读区等，不同的活动区域，在场地布局、空间大小、环境吵闹等方面都有一定的要求。因此，托幼机构对于空间需求大、较为吵闹的区域(如表演区、角色区、音乐区)可以置于除午睡时间外不被用到的寝室，将阅读区置于活动室墙角的靠窗位置，将科学区置于临近水源(即靠近盥洗室)的位置，以此做出活动室和寝室之间的动静区域的隔离效果，避免出现干扰。这也提醒我们在游戏区域布局时，首先要考虑动静结合的问题。

二、寝室

寝室是婴幼儿生活单元中供婴幼儿睡眠的空间。

(一)寝室环境的基本布置要求

1. 营造舒适睡眠环境

为给婴幼儿营造安静舒适的睡眠环境，应在寝室安装遮光窗帘并铺设地毯或木质地板。遮光窗帘可以帮助阻挡阳光的照射，在接近夜晚的情境下婴幼儿更易入睡。地毯或木质地板有消音的作用，可以减少因教师来回走动巡视而产生的噪声。

2. 调节适宜午睡室温

为确保婴幼儿午睡时室温适宜，需明确室内空调开放情况。这里就托幼机构夏季空调使用情况做出说明。根据托幼机构空调使用规定，为避免因室内外温差过大而导致婴幼儿身体不适，在婴幼儿晨间入园时、午睡时、户外活动归来后，均不允许室内空调全部打开。但当夏季室外温度过高时，可根据实际情况开放一个空调出风口，但要注意此出风口应避开婴幼儿午睡床位。

想一想

通过查看幼儿园视频监控，朵朵妈妈发现朵朵午睡时睡在了空调出风口下方，对此朵朵妈妈向幼儿园老师反映："夏天室外温度那么高，让我们家朵朵睡在空调下面，还没盖好被子，这要是把孩子吹感冒了怎么办?"对此，如果你是该幼儿园的老师，你会向朵朵妈妈做出何种解释?

3. 搭设便捷如厕条件

为方便婴幼儿如厕、洗漱，寝室应尽量靠近卫生间，若距卫生间较远，则可在寝室内配备便盆(托儿所建议在寝室配备尿布台及多片尿不湿)。

(二)床铺设置要求

床是寝室内设置的主要家具，因其数量多、占地面积大，所以床的基本尺寸及排列方式是寝室大小的主要决定因素，也是寝室设计是否合理的关键。

1. 床的功能尺寸

婴幼儿卧床的尺寸依据婴幼儿实际年龄和婴幼儿身体生长情况而定，床长＝婴幼儿平均身高＋0.25 米，床宽＝最大婴幼儿体宽×2。婴幼儿的床铺不宜过软，以免影响婴幼儿脊柱发育。此外，床高应考虑服务人员的工作方便。

2. 床位排列及其基本尺寸要求

为节省面积，便于使用，托幼机构床位排列常采用两床相靠或成组排列方式，但并排床位不应超过 2 张床，相接床位不宜超过 4 张。为便于保教人员管理，每张床位应有一长边靠近走道。

卧室内主通道不应小于 0.9 米，次通道不宜小于 0.5 米，两床之间通道不宜小于 0.3 米。为防止婴幼儿睡眠时受凉，床不能紧贴外墙和窗设置，床与外墙和窗的距离不应小于 0.4 米。

三、盥洗室

(一)盥洗室环境的基本布置要求

托幼机构盥洗室的主要作用是帮助婴幼儿清洁、如厕，其面积不应小于

15平方米。由于用水频繁导致室内潮湿，故需做好通风和排水工作。一方面，为保证室内通风换气流畅，需将盥洗室的门窗全日敞开；另一方面，为防止室内积水，需铺设防滑地砖，并加设排水地沟。由于婴幼儿盥洗室使用频繁，因此在位置选择上，要求紧靠活动室和卧室且与班级内活动场所毗邻。

托幼机构的盥洗室一般会配备符合婴幼儿高度的洗手池，用于消毒餐具、茶杯的消毒柜，用于放置清洁用品的储藏柜，用于放置婴幼儿水杯的水杯箱，以及便于婴幼儿取水饮用的直饮机(直饮机一般安装在距地面0.5—0.6米的位置)。其中，婴幼儿洗手池一般会配有5—6个水龙头，每两个水龙头的间距约为0.35米。每个水龙头旁会放置一瓶洗手液(一般为按压式泡沫洗手液)或一块肥皂(约为二分之一香皂大小)。除此以外，每个水龙头上方会配有一条擦手毛巾，有条件的托幼机构也会用抽取式擦手纸代替毛巾。

(二)如厕场地布局的具体要求

1. 场地朝南，保持通风

如厕场地以朝南最佳，这样可有适宜的光线透射进来，以获得阳光的紫外线消毒功能。确保通风状况良好，避免出入口径直对准活动室、卧室，以免污浊空气传入。

各班应设置独立如厕场地，以减少婴幼儿交叉感染。

2. 男女厕做分区处理

婴幼儿的性别意识弱(此处指3—6岁幼儿)，可设置男女合用的卫生间，但应利用有效空间合理分区，男女区之间设隔断处理，隔断墙0.8—0.9米，保护婴幼儿隐私，逐步培养婴幼儿的性别意识。

3. 如厕便器的选择

如厕场所内应设置的主要卫生设备有：大便器和小便器。大便器宜采用蹲式便器，大便器或小便槽均应设隔板，隔板处应加设婴幼儿扶手。厕位的平面尺寸不应小于0.7米×0.8米(宽×深)，沟槽式的宽度宜为0.16—0.18米，坐式便器的高度宜为0.25—0.3米。每班女厕大便器不应少于4个，男厕大便器不应少于2个。小便池高不超过0.15米，面层饰缸砖，向便槽倾斜，缸砖之间需留有细缝，以砂浆勾成圆弧形，墙裙处贴白色瓷砖，以保持干燥、防滑。

(三)婴幼儿科学饮水的具体要求

饮水对婴幼儿身体健康有益处。每当炎炎夏日，在经历户外活动后大汗淋漓的婴幼儿可以通过适当饮水来防止体内水分流失。在干燥的冬季，多饮水可以帮助婴幼儿滋润娇嫩肌肤。不仅如此，常喝温水还能够刺激婴幼儿肠胃蠕动，既能帮助婴幼儿消化食物，也可以帮助婴幼儿顺利将体内毒素、垃圾排出体外。喝水的好处有很多，在托幼机构中对于婴幼儿科学饮水也有一定要求。

其一，婴幼儿应该喝什么类型的水？这里建议给婴幼儿喝 37 ℃左右的白开水。

其二，在托幼机构的一日生活中，婴幼儿应该什么时候喝水？喝多少水？一般而言，托幼机构会将婴幼儿的饮水时间大体分为两部分：集体集中饮水时间和婴幼儿个体个别饮水时间。从婴幼儿的集体饮水时间和单次饮水量来看，婴幼儿分别在入园时、早操后、集体教学活动后以及户外活动前，需饮用 100 mL 左右的温水；婴幼儿在进行过户外活动后，由于体能消耗较大，需及时补充水分，建议婴幼儿饮 150 mL 的温水；下午，在婴幼儿吃完午点后及做午操后，需饮大约 100 mL 的温水。除此之外，在一日生活活动中，婴幼儿可根据自身需要随时喝水，并且不限制婴幼儿的饮水时间及次数。

其三，婴幼儿在饮水的过程中有哪些需要注意的事情？第一，建议婴幼儿少量多次饮水。第二，在托幼机构中教师要为婴幼儿建立饮水规则。例如，当婴幼儿接水时，要有序排队，不争不抢，逐一接水；拿水杯时要一手握杯把，另一手托杯底，慢慢移步，并轻轻地将杯子放在桌子上；在饮水时不说笑，不打闹，坐在座位上安静地小口饮水。第三，教师要提醒婴幼儿注意饮水卫生：饮水时不把手放入水中玩耍；水杯轻拿轻放，不弄湿衣物、桌面、地面。第四，教师要留心关注婴幼儿的饮水时间，提醒婴幼儿避免在剧烈运动后立即喝水；进餐前也要嘱咐婴幼儿不多喝水。

其四，教师应如何培养婴幼儿主动喝水的习惯？

一方面，教师可以采用情境设置法。《3—6 岁儿童学习与发展指南》明确指出，婴幼儿的学习是以直接经验为基础，在游戏和日常生活中进行的。教师可以通过设置情境的方式，让婴幼儿在逼真的生活情境中、在典型的故事情节中、在有趣的游戏活动中利用直接经验进行学习，会更易激发婴幼儿的参与积极性和学习主动性。例如，可以为婴幼儿创设小汽车要加油的情境，把婴幼儿比作小汽车，饮水比作给汽车加油，教师可以引导婴幼儿："小汽车跑了这么久，该加油啦！"以此来提高婴幼儿喝水的主动性。

另一方面，教师可以选择语言引导法。通过儿歌的形式，并配以手指操，让婴幼儿在边做动作边哼唱的方式下，感受喝水的乐趣，并激发婴幼儿想要喝水的主观意愿。例如，教师可以选择儿歌《小水滴》《好渴好渴想喝水》等。

除此以外，教师还可以利用点滴记录法来激励婴幼儿喝水。一般我们会在班级墙上设计一个婴幼儿饮水记录表。每当婴幼儿喝过水后就可以在记录表上进行标记。教师会在离园前对婴幼儿的饮水情况进行总结，对于饮水表现较好的婴幼儿，给予相应奖励。这不仅可以增加婴幼儿的自信心，而且可以提高婴幼儿的饮水成就感。

四、保健室

保健观察室是供病儿进行临时隔离、观察、治疗的空间。

(一)保健室的基本布置要求

《托儿所幼儿园卫生保健管理办法》第十条明确指出：“托幼机构应当根据规模、接收儿童数量等设立相应的卫生室或者保健室，具体负责卫生保健工作。”

保健室应与婴幼儿生活活动区域分隔开，其面积应大于12平方米，应设置在有直接天然采光和自然通风处，并且要确保保健室的位置应便于各年龄班前往。

保健室内需设隔离室，并且要隔离到位，采取封闭隔断的方式，可设玻璃隔断或观察窗。

隔离室的作用是避免托育机构的婴幼儿在园期间因个别婴幼儿生病而造成交叉感染。轻病儿可在隔离室由园所保健医进行诊治，重病患儿或患有传染病的婴幼儿则在隔离室作短时等待，待家长前往幼儿园接回后送往医院进一步诊治。

(二)保健室物品配置情况

(1)常用设备

保健室常用设备包括基本办公用品、晨检车、小冰箱(供存储冰袋使用)、消毒液配置柜等。

(2)常用器械

常用器械主要用于检查婴幼儿的身体情况，具体包括身高体重测量器、视力灯箱、软尺、耳温枪、急救药箱、一次性压舌板多个。

(3)外用药物

幼儿园外用药物主要用于帮助婴幼儿处理应急外部伤口，具体包括云南白药气雾剂、盐酸金霉素眼膏、温润烫伤膏、生理盐水、75%酒精，再配备消毒纱布、消毒棉球、消毒棉签、创可贴、降温用冰袋等外敷药品。

(4)消毒物品

托幼机构属公共场所，由于婴幼儿抵抗力低、易受病菌侵害，故托幼机构内需经常进行消毒。在消毒物品的配备上主要有：用于紫外线灯灯管消毒的95%酒精，用于日常清洁消毒的含氯消毒液，用于为婴幼儿进行身体检查的医用外科口罩及医用手套。

五、厨房及餐厅

(一)厨房

1. 组成及布置方式

厨房由主副食加工间、主食库、副食库、配餐间、冷藏室等组成。

厨房的布置方式分为独立设置、毗邻设置及内部设置三种。独立设置方式即厨房与主体建筑分离，多用于寄宿制及规模较大的托幼机构。毗邻设置方式即厨房与主体建筑毗邻，此种布置方式是托幼机构最常用的方式。内部设置方式即厨房设于主体建筑内，此种用得比较少，一般用于小型托幼机构。无论何种方式，厨房的位置都应位于婴幼儿生活用房的下风侧，与婴幼儿厨房保持一定的距离，但运输饭菜要方便、快捷，避免与婴幼儿流线混淆、交叉，宜单独设置次要出入口，直通厨房或杂物院，且距托幼机构主出入口不应超过 20 米。

2. 设计要求

(1)设置专用通道，满足操作顺序

厨房应避开婴幼儿活动区域，建议为厨房设置专用对外出入口，使杂物流线与婴幼儿流线分开。其平面设计应满足操作顺序，合理组合内部各交通流线，避免生、熟食物的流线交叉。

(2)布好通风、排气装置

厨房应配有良好的通风、排气装置，防止油烟、气味进入婴幼儿活动区域。

(3)铺设防水面层，设置排水沟渠

一方面，为了方便厨房地面、踢脚线、炉灶等的清洗，建议托幼机构铺设瓷砖等光滑、防水材质的面层(但注意，进入厨房的工作人员应穿着防滑鞋，以免因地滑而摔伤)。另一方面，为方便及时排除室内地面水，应在托幼机构室内设置排水沟渠，并在地面设置 1%—1.5%斜面的排水坡度，并在斜面低处尽头设置地漏。

(4)空间安排

厨房面积按 0.4 平方米/人，计算不应小于 12 平方米。食品加工间应设置 3 个洗菜池，面积不小于 0.64 平方米。烹饪间应配备灶台、小水池、操作台及橱柜。

(5)其他要求

添设纱门、纱窗，谨防虫蝇进入，造成食物污染。

(二)餐厅

餐厅是托育机构的主要功能区，是婴幼儿就餐的主要场所。良好的用餐环境可以为婴幼儿打造舒适、放松的空间，在一定程度上提升婴幼儿的食欲，在进行托育机构设计时需考虑婴幼儿的用餐秩序以及如何利用环境创设引导婴幼儿进餐。

1. 色彩搭配

托育机构餐厅设计中需要布置合适的灯光和良好的自然光源。在位置选择上，需根据空间光源朝向选择明亮通透、宽敞通风的区域。在空间色彩上，以暖色调为主，辅以小范围的对比色，在暖光源的照射下可以营造温馨、舒适的氛围感，使婴幼儿可以轻松愉快地在餐厅用餐。

2. 造型设计

婴幼儿对于新奇可爱的事物总是不由自主地想要接近、触摸，因此我们可以在餐厅环境创设中加入可爱、卡通元素的造型设计。可利用园所内可使用的墙壁空间，张贴适合婴幼儿餐厅的手工作品和装饰画，既能提高婴幼儿的综合素质也能营造温馨的就餐氛围。墙面除了装饰性的作品，还可以适时加入用餐提示图，提示婴幼儿认真进食、避免浪费。对于餐厅的棚顶，也可以适当悬挂一些物品(如仿真食材等)，以缩短餐厅上下距离，给婴幼儿一种“包裹性”的家的温暖。但要注意确保悬挂的物品牢固、不易掉落，以免影响幼儿进餐。

3. 材料选择

首先在墙面材料上需要选用绿色环保、无污染的涂料或者墙纸，装修选材、构造应安全、坚固、耐用且易于清理。对于墙面的装饰性、教育性物品，也要做到安全、耐用、无毒。在顶棚上应布置较为专业的紫外线灯或者其他消毒设备，在婴幼儿未用餐时可以消毒空间，保障婴幼儿的身体健康。

六、公用走廊、楼梯

(一)基本布置要求

托幼机构走廊净宽不小于 1.8 米，楼梯要设置双扶手(成人扶手和婴幼儿扶手)，其中成人扶手的高度为距离台阶 1.1 米，婴幼儿扶手的高度为距离台阶 0.6 米。为保护婴幼儿安全，垂直栏杆之间的距离不大于 0.11 米。

园里每个班都有一到两个通向走廊的门，以确保发生紧急事故时，婴幼儿能及时逃生。公共走廊、楼梯也是托幼机构的安全通道，要避免在该位置堆放过多物品从而阻碍道路畅通。

(二)具体创设要求

1. 走廊环境创设

托幼机构的走廊环境，既是托幼机构文化的映射窗口，也是婴幼儿艺术作品的展示平台，其在设计上要全面满足婴幼儿的作品展示需求、教师的方便张贴需求和家长的选择性观感需求。因此，托幼机构在创设上，要留心将走廊环境同利于婴幼儿与家长进行有效“对话”结合起来，并将走廊的空间充分利用起来。

一方面，托幼机构可以利用走廊天花板的空间，在吊顶上添置一些挂钩并配备几根长绳，将婴幼儿作品及当前相关主题饰品悬挂起来，使走廊整体高度下移，从全局视角观看以增加其空间层次感，从婴幼儿角度出发便于婴幼儿以自身视角欣赏作品。另一方面，托幼机构走廊两边的墙壁也可以充分发挥其作用，不仅可以展示反映教学主题的婴幼儿作品，而且可以将婴幼儿所在班级的“家园联络布告栏”张贴在上面，以供家长阅读。除此以外，若走廊处有朝阳的窗口，还可以将其设置为“自然角”，供婴幼儿观察、照料植物。

2. 楼梯环境创设

楼梯的主要作用是方便行人上下通行，托幼机构也可以对楼梯适当地加入一些细节性的艺术处理，不仅能够美化楼梯，而且能够辅助婴幼儿成长。例如，在楼梯上有规律地张贴一些指示性的标识，可以帮助婴幼儿建立有序上下楼梯的规则意识。在楼梯墙壁两侧粘挂一些知识性的创意作品，既可以提高婴幼儿的艺术审美能力，又可以拓宽婴幼儿的知识广度。

七、其他配套设施

(一)园长办公室

托幼机构负责人如园长的办公室是园长办公、接待、休憩的地方，装修风格既要简洁实用、温馨舒适，又要体现托幼机构园所办园理念，故在整体创设上要从空间位置选择和环境设计布局两方面综合考虑。

1. 空间设置选择

园长办公室的面积大小可按托幼机构园所规模和现有建园条件而定。

园长办公室的位置选择要考虑以下几方面因素。其一，园长要负责接待访客，故办公室应考虑设在便于访客进出的位置。其二，园长要对全园教学工作情况有全局性了解，特别是出现突发教学状况时，园长要能在第一时间赶往现场并获得第一手信息，故办公室应考虑设在靠近教学区域的位置。

2. 环境设计布局

其一，园长办公室的墙面要注意留白，为张贴园所荣誉留有一定展示空间。其二，园长办公室的整体装修风格要体现托幼机构园所文化内涵及办园理念。其三，园长办公室的设计选材既要符合托幼机构园所整体色调、保持协调统一，又要满足后期日常清洁、整理需求。

(二)教师办公室

托幼机构教师需要一个既可以满足个人日常备课需求，又可以进行集体教学研讨的独立区域。合理的办公空间可以提高教师的保教质量，和谐的办公环境能够提升托幼机构园所集体凝聚力。不仅如此，一个独立、舒适的办公环境而且会令教师感受到自己的主人翁地位，激发教师的工作积极性。

托幼机构在创设教师办公室时，需综合考量教师的工作需要及办公特点，故在整体布局上应遵循以下原则。

1. 开放性原则

为方便教师之间开展教学研讨、经验分享活动，托幼机构教师办公室应尽量减少不必要的隔断，采用开放式空间办公。

2. 包容性原则

一方面，教师办公室除日常备课、研讨外，也要注入休闲娱乐功能。教师在紧张而忙碌的工作中，也需要一个可以放松休憩的场所，故可以在教师办公室的一角设置一个小型茶吧。另一方面，托幼机构对教师着装有严格要求，园所可利用办公室的空间，为教师准备出一个更衣区域。

3. 实用性原则

教师办公的主要内容有备课、课程研讨、教具制作、婴幼儿观察记录等，那么相应的教师就需要大量书籍、记录册、手工用品等教辅材料。因此，托幼机构从实际出发，应该为教师提供可放置文件、书籍的小型桌上书架，以及可放置杂物的置物架。其中，建议托幼机构为教师提供一个可调节高度、分层的置物架，这样教师可以充分利用层级空间按类别摆放物品，以便于日常拿取。

(三)财务室

1. 空间设置选择

托幼机构的财务室使用面积不应小于 15 平方米。

财务室属托幼机构安全重地，结合其存在的特殊性，在空间设置上要注意考虑以下几点。其一，财务室的隐秘性较强，建议独立成间。其二，财务室属重点保护地带，为减少外部人员流动对财务办公造成干扰，建议将其通道设置成单向出入口模式。其三，财务室属对外联系的部分，建议设在托幼机构园所一层入口处，便于外来人员出入。

2. 环境设计布局

财务工作是一项极为严谨细致的工作，因此托幼机构在财务室的装饰上建议采取从简原则，为避免分散财务工作者的注意力，在整体色调选择上不宜太过花哨，建议以白色为主色调。除此以外，建议添设一些绿植盆栽，既能净化空气又能缓解紧张的工作氛围。

铸魂育人

本节内容以实地观察和实践为载体，让学生观察、理解托幼机构环境创设的内在要求。

一方面，培养学生树立儿童观、教师观、教育观的基本职业理念。从实际出发，全面了解婴幼儿身心发展特点，在室内环境创设时要以婴幼儿为主体，充分考虑婴幼儿的现实需要，结合婴幼儿的实际需求，服务婴幼儿、教育婴幼儿。例如，在设计游戏区域提示牌时，教师要考虑婴幼儿的身高特点和认知水平，张贴高度要与婴幼儿同高，且提示内容尽量用图画来描述。另一方面，传承中华优秀传统文化。在本节请学生以“弘扬中华优秀传统文化”为主题，模拟体现中国特色的托幼机构主题环境创设。例如描绘青花图案、将扎染艺术融入儿童游戏、开展脸谱绘制活动等。

单元练习

一、单选题

1. 活动室要有良好的天然采光，日照时间满窗每日不少于(　　)小时，夏季应避免阳光直射。

A. 1　　B. 2　　C. 3　　D. 4

2. 托幼机构的楼梯应设置双扶手，分别是成人扶手和(　　)。

A. 教师扶手　B. 幼儿扶手　C. 老人扶手　D. 家长扶手

3. 教师办公室采用“内圆外方”的布局模式，这属于教师办公室整体布局原则的(　　)。

A. 可视性原则　　B. 包容性原则

C. 实用性原则　　D. 开放性原则

二、多选题

1. 幼儿睡前，教师要提前做好(　　)。

A. 关灯　B. 关门　C. 关窗　D. 拉窗帘

2. 托幼机构在设置财务室时，在空间设置上要注意(　　)。

A. 财务室要独立成间　　B. 可准备一个更衣区域

C. 采用开放式空间　　　　D. 设置单独出入口

三、判断题

课后练习答案

1. 寝室是幼儿生活单元中供幼儿睡眠的空间。(　　)

2. 厨房在设计上，应将生、熟食物放在一起，并设置在婴幼儿活动区域旁，方便运送食物。(　　)

3. 保健室可与幼儿生活活动区域放在一起，以方便突发紧急情况的幼儿随时进入。(　　)

思考与练习

一、基础练习

1. 简述幼儿园室外游戏场地创设的原则。

2. 简述幼儿园室外器械存放场地的布置建议。

二、实践练习

思考与练习答案

1. 搜一搜托幼机构适宜种植哪些植物，不适宜种植哪些植物。

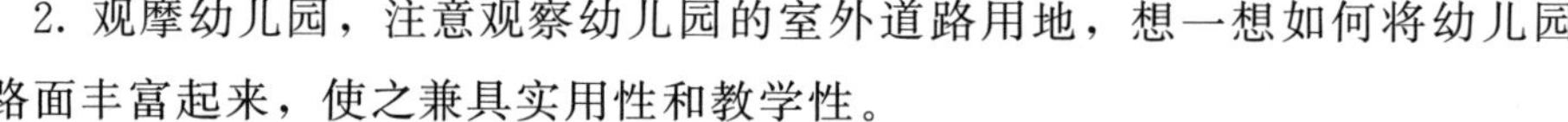

2. 观摩幼儿园，注意观察幼儿园的室外道路用地，想一想如何将幼儿园的路面丰富起来，使之兼具实用性和教学性。

单元测试题

幼儿园教师资格考试模拟测试题

单元七　托幼机构政策法规

学习目标

1. 知道托幼机构的设立程序，具有教师的权利意识，能够保护婴幼儿权利。

2. 了解我国现有的学前教育政策和相关法律法规。

3. 能够正确认知托幼机构安全事故类型，正确分析托幼机构在安全事故中的法律责任。

4. 结合所学知识，能够采用正确方法预防幼儿安全事故的发生，并及时处理各类安全事故。

单元导读

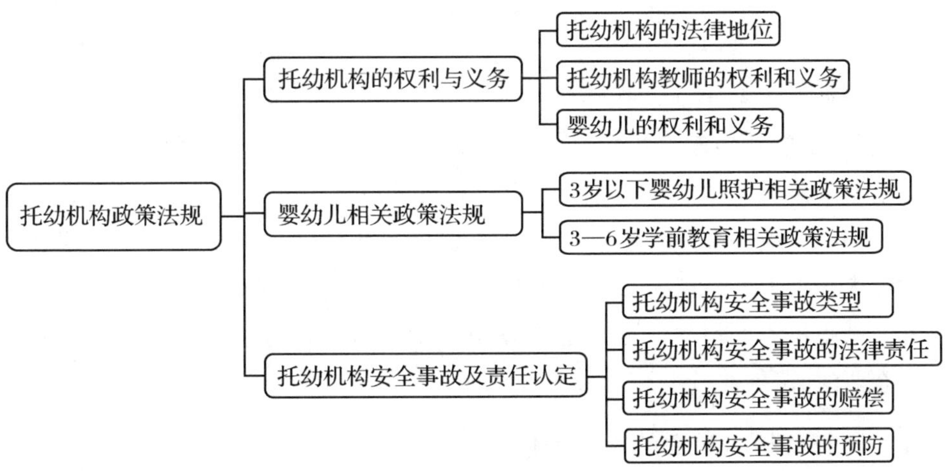

托幼机构政策法规是保障婴幼儿教育健康有序发展的前提条件，我国先后出台了《托儿所幼儿园卫生保健管理办法》《3—6岁儿童学习与发展指南》《幼儿园教师专业标准(试行)》《幼儿园教育指导纲要(试行)》《幼儿园工作规程》等政策法规，这些政策法规是教师发展的指南针，是教师维护婴幼儿全面发展的基本要求。学习本单元内容会让学生全面了解我国学前教育的方针政策。

典型案例

幼儿园准备午休期间，穿上拖鞋的朵朵(化名)在教室内摔倒，造成左胫骨粉碎性骨折，被评定为十级伤残。朵朵的父母称，教室内刚做过清洁，地面湿滑，有监控可证明。幼儿园则称，地面铺着垫子不滑，是朵朵的鞋子过大才出的意外。并且，教室确有监控视频，但没有保存。一审法院审理认为，幼儿园未提供朵朵在事故发生时所穿的鞋子或照片，亦未提供事故发生时的监控视频。请问，此种情形下，幼儿园是否要承担责任？

第一课　托幼机构的权利与义务

托幼机构既接收 3 周岁以下的婴幼儿，也接收 3 周岁以上的幼儿；而幼儿园只接收 3 周岁以上的幼儿。针对 3 岁以下的婴幼儿，2019 年印发了《关于促进 3 岁以下婴幼儿照护服务发展的指导意见》；针对幼儿园阶段的儿童(3—6 周岁)，相关部门已经明确出台了《3—6 岁儿童学习与发展指南》和《幼儿园教师专业标准(试行)》等政策法规。

一、托幼机构的法律地位

《中华人民共和国教育法》第三十二条规定："学校及其他教育机构具备法人条件的，自批准设立或者登记注册之日起取得法人资格。"

学前教育是学校教育制度的起始阶段，是国民教育体系的重要组成部分，是重要的社会公益事业。托幼机构在性质上应当属于《中华人民共和国教育法》中所规定的其他教育机构。所以，托幼机构是具有法人资格的组织保育、教育活动的经营实体。在法律上享有权利与承担义务。

托幼机构应当依法设立并取得法人资格。从托幼机构中的幼儿园等级注册的法人类型上看，所有公办幼儿园都应当登记注册为事业单位法人；民办幼儿园则根据不同情况，分别可以登记注册为事业单位法人、民办非企业法人、企业法人。

知识拓展：什么是法人？

(一)托幼机构设立的实体条件

1. 有组织机构和章程

健全的组织机构一般包括教学机构和后勤机构，教学机构又根据托幼机构的班级开设情况划分为若干个教研组；后勤机构则根据托幼机构的管理需求，可划分为负责保育、医务的保健组，负责采购、维修、安全的后勤组，负责膳食供应的膳食组等。

托幼机构章程应当表明举办者的姓名或名称、举办者的权利和义务、举办者的出资方式和出资金额、托幼机构的机构设置及其产生办法、权限、议事规则、托幼机构法定代表人、托幼机构解散事由与清算办法等事项。

2. 有符合标准的托幼机构人员队伍，如园长，教师，保育员，卫生保健、医务人员和其他工作人员

开办托幼机构必须要有一支具有良好品德、热爱教育事业，尊重和爱护幼儿，具有专业知识和技能的教职工队伍。幼儿园教师必须取得幼儿教师资格证，如作为幼儿园园长必须同时具备大专以上学历，有三年以上的幼儿园工作经历和一定的组织管理能力，并取得相应岗位如幼儿园园长岗位培训合格证书。

保育员是指托幼机构里负责照管婴幼儿生活的人员。保育员必须具备高中以上学历，受过婴幼儿保育职业培训。

卫生保健、医务人员包括医师、护士和保健员等，医师应当取得卫生行政部门颁发的医师执业资格证书，护士应当取得护士执业证书，保健员应当具有高中毕业以上学历，并经过当地妇幼保健机构组织的卫生保健专业知识培训。

托幼机构其他工作人员也要按照国家和地方的有关规定配置。

3. 符合国家规定的选址要求，设置在安全区域内

托幼机构的园舍等应当符合国家和地方的建设标准，以及相关安全、卫生等方面的规范，定期检查维护，保障安全。托幼机构不得设置在污染区和危险区，不得使用危房。托幼机构的设备设施、装修装饰材料、用品用具和玩教具材料等，应当符合国家相关的安全质量标准和环保要求。

4. 有符合标准的托幼机构园舍、安全设施设备及户外场地

托幼机构如幼儿园应当按照国家的相关规定设活动室、寝室、卫生间、保健室、综合活动室、厨房和办公用房等，并达到相关建设标准，有条件的幼儿园应当优先扩大幼儿游戏和活动空间。

同时，托幼机构如幼儿园应当配备适合幼儿特点的桌椅、玩具架、盥洗卫生用具，以及必要的玩教具、图书和乐器等。玩教具应当具有教育意义并符合安全、卫生要求。托幼机构应当因地制宜，就地取材，自制玩教具。总之，婴幼儿所使用的各类用品用具和玩教具材料应当符合国家相关的安全质量标准和环保要求。

5. 有必备的办学资金和稳定的经费来源

托幼机构如幼儿园申办者可以货币形式出资，也可以实物、土地(房产)使用权出资。凡以实物、土地(房产)使用权出资的，必须由有关部门进行资产的评估和核实，不得高估作价，并依法办理财产权的转移手续。托幼机构如幼儿园申办者，应将办园资金足额存入准备开办的幼儿园在银行开设的账户，并经法定验资机构出具证明。

6. 符合法律法规规定的其他条件

略。

(二)托幼机构设立的程序条件

托幼机构的设立，需遵循一定的程序。如以幼儿园为例，根据《幼儿园管理条例》的规定，国家实行幼儿园登记注册制度，未经登记注册，任何单位和个人不得举办幼儿园。

城市幼儿园的举办、停办，由所在区、不设区的市的人民政府教育行政部门登记注册。农村幼儿园的举办、停办，由所在乡、镇人民政府登记注册，并报县人民政府教育行政部门备案。

幼儿园举办者在申请登记注册时一般需要提交申请报告、举办者的资格证明、办园场地证明、办园资金和经费来源证明、所办幼儿园的章程，拟聘园长及其他教职工的资格证明、健康证明、无犯罪记录证明等材料。

多数托幼机构的设立，一般依据上述程序。

想一想

民营企业家王先生经过多年的积累攒下不少财富，想为自己家乡的乡亲做些好事。王先生看到村里没有像样的幼儿园，就决定投资建设一个幼儿园，但是他不知道如何举办幼儿园，你能帮他出出主意吗?

二、托幼机构教师的权利和义务

(一)托幼机构教师的权利

1. 托幼机构教师的一般权利

(1)托幼机构教师的人身权利包括生命权、健康权、人身自由权。

(2)托幼机构教师的人格权利包括姓名权、名誉权、荣誉权、肖像权、隐私权等与人格尊严有关的权利。

2. 托幼机构教师的职业权利

根据《中华人民共和国教师法》第七条规定，可以把托幼机构教师的权利概括为以下几个方面。

(1)进行教育教学活动，开展教育教学改革和实验;

(2)从事科学研究、学术交流，参加专业的学术团体，在学术活动中充分发表意见;

(3)指导学生的学习和发展，评定学生的品行和学业成绩;

(4)按时获取工资报酬，享受国家规定的福利待遇以及寒暑假期的带薪休假;

(5)对学校教育教学、管理工作和教育行政部门的工作提出意见和建议，通过教职工代表大会或者其他形式，参与学校的民主管理；

(6)参加进修或者其他方式的培训。

做一做

某幼儿园在张老师休产假期间没有为其发放工资，该幼儿园的做法(　　)。

A. 体现了按劳取酬

B. 加强了经费管理

C. 体现了幼儿园自主办园的权利

D. 侵犯了张老师的权利

(二)托幼机构教师的义务

根据《中华人民共和国教师法》第八条的内容，可以把托幼机构教师的义务概括为以下几个方面：

(1)遵守宪法、法律和职业道德，为人师表；

(2)贯彻国家的教育方针，遵守规章制度，执行学校的教学计划，履行教师聘约，完成教育教学工作任务；

(3)对学生进行宪法所确定的基本原则的教育和爱国主义、民族团结的教育，法制教育以及思想品德、文化、科学技术教育，组织、带领学生开展有益的社会活动；

(4)关心、爱护全体学生，尊重学生人格，促进学生在品德、智力、体质等方面全面发展；

(5)制止有害于学生的行为或者其他侵犯学生合法权益的行为，批评和抵制有害于学生健康成长的现象；

(6)不断提高思想政治觉悟和教育教学业务水平。

铸魂育人

新时代幼儿园教师职业行为十项准则

教育部2018年发布的《新时代幼儿园教师职业行为十项准则》(以下简称《准则》)，对托幼机构的教师做出明确规范。

《准则》指出，教师是人类灵魂的工程师，是人类文明的传承者。长期以来，广大教师贯彻党的教育方针，教书育人，呕心沥血，默默奉献，为国家发展和民族振兴作出了重大贡献。新时代对广大教师落实立德树人根本任务提出新的更高要求，为进一步增强教师的责任感、使命感、荣誉感，规范职业行为，明确师德底线，引导广大教师努力成为有理想信念、有道德情操、有扎实学识、有仁爱之心的好老师，着力培养德智体美劳全面发展的社会主义建设者和接班人，特制定以下准则。

一、坚定政治方向。坚持以习近平新时代中国特色社会主义思想为指导，拥护中国共产党的领导，贯彻党的教育方针；不得在保教活动中及其他场合有损害党中央权威和违背党的路线方针政策的言行。

二、自觉爱国守法。忠于祖国，忠于人民，恪守宪法原则，遵守法律法规，依法履行教师职责；不得损害国家利益、社会公共利益，或违背社会公序良俗。

三、传播优秀文化。带头践行社会主义核心价值观，弘扬真善美，传递正能量；不得通过保教活动、论坛、讲座、信息网络及其他渠道发表、转发错误观点，或编造散布虚假信息、不良信息。

四、潜心培幼育人。落实立德树人根本任务，爱岗敬业，细致耐心；不得在工作期间玩忽职守、消极怠工，或空岗、未经批准找人替班，不得利用职务之便兼职兼薪。

五、加强安全防范。增强安全意识，加强安全教育，保护幼儿安全，防范事故风险；不得在保教活动中遇突发事件、面临危险时，不顾幼儿安危，擅离职守，自行逃离。

六、关心爱护幼儿。呵护幼儿健康，保障快乐成长；不得体罚和变相体罚幼儿，不得歧视、侮辱幼儿，严禁猥亵、虐待、伤害幼儿。

七、遵循幼教规律。循序渐进，寓教于乐；不得采用学校教育方式提前教授小学内容，不得组织有碍幼儿身心健康的活动。

八、秉持公平诚信。坚持原则，处事公道，光明磊落，为人正直；不得在入园招生、绩效考核、岗位聘用、职称评聘、评优评奖等工作中徇私舞弊、弄虚作假。

九、坚守廉洁自律。严于律己，清廉从教；不得索要、收受幼儿家长财物或参加家长付费的宴请、旅游、娱乐休闲等活动，不得推销幼儿读物、社会保险或利用家长资源谋取私利。

十、规范保教行为。尊重幼儿权益，抵制不良风气；不得组织幼儿参加以营利为目的的表演、竞赛等活动，或泄露幼儿与家长的信息。

三、婴幼儿的权利和义务

(一)婴幼儿的权利

1. 作为公民的婴幼儿

婴幼儿同样应获得作为公民的一些基本权利。公民的基本权利是公民依照宪法规定在政治、人身、经济、社会、文化等方面享有的主要权利，也叫宪法权利。它是公民最主要的，也是必不可少的权利。

根据《中华人民共和国宪法》规定，我国公民享有的基本权利大致可以分为以下几类：(1)公民的平等权；(2)公民的政治权利和自由；(3)公民的宗教信仰自由；(4)公民的人身自由；(5)公民的批评、建议、申诉、控告权等；(6)公民的社会经济权利；(7)公民的教育、科学、文化权利和自由；(8)其他方面的权利。

2. 作为未成年人的婴幼儿

《中华人民共和国未成年人保护法》第二条规定："本法所称未成年人是指未满十八周岁的公民。"学前教育中的婴幼儿主要指的是不满 6 周岁(或 7 周岁)的未成年人。

《中华人民共和国民法典》(以下简称《民法典》)规定："八周岁以上的未成年人为限制民事行为能力人，实施民事法律行为由其法定代理人代理或者经其法定代理人同意、追认；但是，可以独立实施纯获利益的民事法律行为或者与其年龄、智力相适应的民事法律行为。不满八周岁的未成年人为无民事行为能力人，由其法定代理人代理实施民事法律行为。"

在我国《民法典》中，为保护无民事行为能力和限制行为能力人的人身和财产权利，特别规定了监护制度。父母对未成年子女负有抚养、教育和保护的义务。

成年子女对父母负有赡养、扶助和保护的义务。

《民法典》第二十七条规定：父母是未成年子女的监护人。未成年人的父母已经死亡或者没有监护能力的，由下列有监护能力的人按顺序担任监护人：

(1)祖父母、外祖父母；

(2)兄、姐；

(3)其他愿意担任监护人的个人或者组织，但是须经未成年人住所地的居民委员会、村民委员会或者民政部门同意。

《民法典》第三十五条规定：监护人应当按照最有利于被监护人的原则履行监护职责。监护人除为维护被监护人利益外，不得处分被监护人的财产。

未成年人的监护人履行监护职责，在作出与被监护人利益有关的决定时，应当根据被监护人的年龄和智力状况，尊重被监护人的真实意愿。

3. 作为受教育者的婴幼儿

《中华人民共和国教育法》第二条明确规定："在中华人民共和国境内的各级各类教育，适用本法。"在托幼机构接受养育教育的婴幼儿同样享有"受教育者"的法律地位。

根据《中华人民共和国教育法》第四十三条，受教育者享有下列权利：

(1)参加教育教学计划安排的各种活动，使用教育教学设施、设备、图书资料；

(2)按照国家有关规定获得奖学金、贷学金、助学金；

(3)在学业成绩和品行上获得公正评价，完成规定的学业后获得相应的学业证书、学位证书；

(4)对学校给予的处分不服向有关部门提出申诉，对学校、教师侵犯其人身权、财产权等合法权益，提出申诉或者依法提起诉讼；

(5)法律、法规规定的其他权利。

(二)婴幼儿的义务

婴幼儿为未成年人，无宪法上的义务，但是作为受教育者具有法定的义务。

根据《中华人民共和国教育法》第四十四条，受教育者应当履行下列义务：

(1)遵守法律、法规；

(2)遵守学生行为规范，尊敬师长，养成良好的思想品德和行为习惯；

(3)努力学习，完成规定的学习任务；

(4)遵守所在学校或者其他教育机构的管理制度。

单元练习

一、单选题

1. 对我国教师权利和义务作出明确、具体规定的是(　　)。

A.《中华人民共和国教师法》

B.《中华人民共和国义务教育法》

C.《中华人民共和国宪法》

D.《中共中央关于教育体制改革的决定》

2. 幼儿园小朋友洋洋6岁，天生聪慧，属于(　　)。

A. 完全民事行为能力人　　B. 限制民事行为能力人

C. 无民事行为能力人　　D. 视为完全民事行为能力人

二、多选题

1. 幼儿园可以注册为(　　)。

A. 事业单位法人　　B. 个人独资企业

C. 企业法人　　D. 合伙企业

2. 幼儿园小朋友乐乐在幼儿园时的监护人是(　　)。

A. 乐乐的父亲　　B. 幼儿园

C. 乐乐的母亲　　　　D. 乐乐的祖父母

3. 作为一名教师基本权利有(　　)。

A. 教育教学权　　　　B. 科学研究权

C. 指导评价权　　　　D. 获得报酬待遇权

三、判断题

1. 举办幼儿园需要登记注册，登记注册部门为县级以上教育行政部门。(　　)

2. 小朋友在幼儿园期间，幼儿园为小朋友的监护人。(　　)

3. 幼儿园要有符合标准的园长、教师以及保育、卫生保健、医务人员和其他工作人员。(　　)

课后练习答案

第二课　婴幼儿相关政策法规

“全面三孩”政策实施后，我国人口出生率的增长不是很理想，为什么有些家庭选择不生二孩或者三孩？不生的理由当中以往主要是经济因素的制约，但目前的调查显示，没人照护已经成为首要原因。近几年国家出台了很多关于0—3岁的婴幼儿照护和3—6岁学前教育发展的相关法律、法规和政策。政府鼓励加快发展多种形式的婴幼儿照护服务，支持社会力量兴办托育服务机构，加强婴幼儿安全保障。

一、3岁以下婴幼儿照护相关政策法规

有关3岁以下婴幼儿照护相关政策文件，主要有2012年卫生部印发的《关于印发〈托儿所幼儿园卫生保健工作规范〉的通知》，2019年5月国务院办公厅印发的《关于促进3岁以下婴幼儿照护服务发展的指导意见》，《国家卫生健康委关于印发托育机构设置标准(试行)和托育机构管理规范(试行)的通知》等。3岁以下婴幼儿照护的法律法规很少，目前主要有卫生部、教育部2010年联合发布的《托儿所幼儿园卫生保健管理办法》，这是一个部门规章。还有一些地方发布了相关地方规章，例如，2021年11月，河南省第十三届人民代表大会常务委员会第二十八次会议通过《关于修改〈河南省人口与计划生育条例〉的决定》第六次修正。下面重点介绍其中几个重要的政策法规。

1.《托儿所幼儿园卫生保健管理办法》

《托儿所幼儿园卫生保健管理办法》(以下简称《管理办法》)自2010年11月1日起施行。该《管理办法》为部门规章。

《管理办法》共26条，主要内容包括：目的、适用范围、原则；卫生行政

部门、教育行政部门、妇幼保健机构、疾病预防控制机构及卫生监督执法机构的分工和职责；托幼机构卫生保健状况要求；托幼机构中保健室和卫生室的设置要求；卫生保健人员的要求、配备比例及职责；托幼机构工作人员健康状况要求；托幼机构卫生保健工作内容；传染病预防和控制管理工作；儿童入托幼机构前、在园(所)疑患传染病、离开托幼机构 3 个月以上等情况下的健康检查要求；相关罚则等。

其中，县级以上各级人民政府卫生行政部门应当将托幼机构的卫生保健工作作为公共卫生服务的重要内容，加强监督和指导。县级以上各级人民政府教育行政部门协助卫生行政部门检查指导托幼机构的卫生保健工作。县级以上妇幼保健机构负责对辖区内托幼机构卫生保健工作进行业务指导。业务指导的内容包括：膳食营养、体格锻炼、健康检查、卫生消毒、疾病预防等。疾病预防控制机构应当定期为托幼机构提供疾病预防控制咨询服务和指导。卫生监督执法机构应当依法对托幼机构的饮用水卫生、传染病预防和控制等工作进行监督检查。托幼机构设有食堂提供餐饮服务的，应当按照《食品安全法》《食品安全法实施条例》以及有关规章的要求，认真落实各项食品安全要求。食品药品监督管理部门等负责餐饮服务监督管理的部门应当依法加强对托幼机构食品安全的指导与监督检查。托幼机构的法定代表人或者负责人是本机构卫生保健工作的第一责任人。

托幼机构工作人员上岗前必须经县级以上人民政府卫生行政部门指定的医疗卫生机构进行健康检查，取得托幼机构工作人员健康合格证后方可上岗。

托幼机构应当组织在岗工作人员每年进行 1 次健康检查；在岗人员患有传染性疾病的，应当立即离岗治疗，治愈后方可上岗工作。精神病患者、有精神病史者不得在托幼机构工作。

托幼机构应当严格按照《托儿所幼儿园卫生保健工作规范》开展卫生保健工作。托幼机构卫生保健工作包括以下内容：根据儿童不同年龄特点，建立科学、合理的一日生活制度，培养儿童良好的卫生习惯；为儿童提供合理的营养膳食，科学制订食谱，保证膳食平衡；制订与儿童生理特点相适应的体格锻炼计划，根据儿童年龄特点开展游戏及体育活动，并保证儿童户外活动时间，增进儿童身心健康；建立健康检查制度，开展儿童定期健康检查工作，建立健康档案。坚持晨检及全日健康观察，做好常见病的预防，发现问题及时处理；严格执行卫生消毒制度，做好室内外环境及个人卫生。加强饮食卫生管理，保证食品安全；协助落实国家免疫规划，在儿童入托时应当查验其预防接种证，未按规定接种的儿童要告知其监护人，督促监护人带儿童到当地规定的接种单位补种；加强日常保育护理工作，对体弱儿进行专案管理。

配合妇幼保健机构定期开展儿童眼、耳、口腔保健，开展儿童心理卫生保健；建立卫生安全管理制度，落实各项卫生安全防护工作，预防伤害事故的发生；制订健康教育计划，对儿童及其家长开展多种形式的健康教育活动；等等。

2.《关于促进3岁以下婴幼儿照护服务发展的指导意见》

2019年5月国务院办公厅印发《关于促进3岁以下婴幼儿照护服务发展的指导意见》。

主要内容包括：一是加强对家庭婴幼儿照护的支持和指导。全面落实产假政策；支持脱产照护婴幼儿的父母重返工作岗位；加强对家庭的婴幼儿早期发展指导，为家长及婴幼儿照护者提供婴幼儿早期发展指导服务。二是加大对社区婴幼儿照护服务的支持力度。按标准和规范建设婴幼儿照护服务设施，鼓励通过市场化方式，采取公办民营、民办公助等多种形式，在就业人群密集的产业聚集区域和用人单位完善婴幼儿照护服务设施。注重发挥城乡社区公共服务设施的婴幼儿照护服务功能，支持和引导社会力量依托社区提供婴幼儿照护服务。三是规范发展多种形式的婴幼儿照护服务机构。支持用人单位在工作场所为职工提供福利性婴幼儿照护服务；鼓励支持有条件的幼儿园开设托班；支持各类婴幼儿照护服务机构提供多样化、多层次的婴幼儿照护服务。加强婴幼儿照护服务专业化、规范化建设，运用互联网等信息化手段对婴幼儿照护服务机构的服务过程加强监管，依法逐步实行工作人员职业资格准入制度。

3.《卫生健康委关于印发托育机构设置标准(试行)和托育机构管理规范(试行)的通知》

为加强托育机构专业化、规范化建设，按照《国务院办公厅关于促进3岁以下婴幼儿照护服务发展的指导意见》(国办发〔2019〕15号)的要求，2019年10月国家卫生健康委组织制定了《托育机构设置标准(试行)》和《托育机构管理规范(试行)》。

托育机构设置标准中规定：本标准适用于经有关部门登记、卫生健康部门备案，为3岁以下婴幼儿提供全日托、半日托、计时托、临时托等托育服务的机构。托育机构设置应当综合考虑城乡区域发展特点，根据经济社会发展水平、工作基础和群众需求，科学规划，合理布局。新建居住区应当规划建设与常住人口规模相适应的托育机构。老城区和已建成居住区应当采取多种方式完善托育机构，满足居民需求。鼓励通过市场化方式，采取公办民营、民办公助等多种形式，在就业人群密集的产业聚集区域和用人单位建设完善托育机构。发挥城乡社区公共服务设施的婴幼儿照护服务功能，加强社区托育机构与社区服务中心(站)及社区卫生、文化、体育等设施的功能衔接。

托育机构应当有自有场地或租赁期不少于 3 年的场地。托育机构的房屋装修、设施设备、装饰材料等，应当符合国家相关安全质量标准和环保标准，并定期进行检查维护。托育机构应当配备符合婴幼儿月龄特点的家具、用具、玩具、图书和游戏材料等，并符合国家相关安全质量标准和环保标准。托育机构负责人负责全面工作，应当具有大专以上学历，有从事儿童保育教育、卫生健康等相关管理工作 3 年以上的经历，且经托育机构负责人岗位培训合格。

保育人员主要负责婴幼儿日常生活照料，安排游戏活动，促进婴幼儿身心健康，养成良好行为习惯。保育人员应当具有婴幼儿照护经验或相关专业背景，受过婴幼儿保育相关培训和心理健康知识培训。保健人员应当经过妇幼保健机构组织的卫生保健专业知识培训合格。保安人员应当取得公安机关颁发的保安员证，并由获得公安机关保安服务许可证的保安公司派驻。

托育机构一般设置乳儿班(6—12 个月，10 人以下)、托小班(12—24 个月，15 人以下)、托大班(24—36 个月，20 人以下)三种班型。18 个月以上的婴幼儿可混合编班，每个班不超过 18 人。每个班的生活单元应当独立使用。合理配备保育人员，与婴幼儿的比例应当不低于以下标准：乳儿班 1∶3，托小班 1∶5，托大班 1∶7。

托育机构管理规范(试行)规定：托育机构登记后，应当向机构所在地的县级以上卫生健康部门备案，提交评价为“合格”的《托幼机构卫生评价报告》、消防安全检查合格证明、场地证明、工作人员资格证明等材料，填写备案书和承诺书。提供餐饮服务的，应当提交食品经营许可证。

收托管理中，婴幼儿父母或监护人(以下统称婴幼儿监护人)应当主动向托育机构提出入托申请，并提交真实的婴幼儿及其监护人的身份证明材料。托育机构应当与婴幼儿监护人签订托育服务协议，明确双方的责任、权利义务、服务项目、收费标准以及争议纠纷处理办法等内容。婴幼儿进入托育机构前，应当完成适龄的预防接种，经医疗卫生机构健康检查合格后方可入托；离开机构 3 个月以上的，返回时应当重新进行健康检查。

保育管理要求，托育机构应当科学合理安排婴幼儿的生活，做好饮食、饮水、喂奶、如厕、盥洗、清洁、睡眠、穿脱衣服、游戏活动等服务。托育机构应当顺应喂养，科学制定食谱，保证婴幼儿膳食平衡。有特殊喂养需求的，婴幼儿监护人应当提供书面说明。托育机构应当保证婴幼儿每日户外活动不少于 2 小时，寒冷、炎热季节或特殊天气情况下可酌情调整。托育机构应当以游戏为主要活动形式，促进婴幼儿在身体发育、动作、语言、认知、情感与社会性等方面的全面发展。游戏活动应当重视婴幼儿的情感变化，注重与婴幼儿面对面、一对一的交流互动，动静交替，合理搭配多种游戏类型。托育机构应当提供适宜刺激，丰富婴幼儿的直接经验，支持婴幼儿主动探索、操作体验、互动交流和表达表现，发挥婴幼儿的自主性，保护婴幼儿的好奇心。托育机构应当建立照护服务日常记录和反馈制度，定期与婴幼儿监护人沟通婴幼儿发展情况。

4.《托育机构保育指导大纲(试行)》

为贯彻国务院办公厅《关于促进 3 岁以下婴幼儿照护服务发展的指导意见》，依据国家卫生健康委《托育机构设置标准(试行)》《托育机构管理规范(试行)》，指导托育机构为 3 岁以下婴幼儿(以下简称婴幼儿)提供科学、规范的照护服务，促进婴幼儿健康成长，特制定《托育机构保育指导大纲(试行)》。该大纲适用于经有关部门登记、卫生健康部门备案，为婴幼儿提供全日托、半日托等照护服务的托育机构。提供计时托、临时托等照护服务的托育机构可参照执行。

大纲明确指出托育机构保育是婴幼儿照护服务的重要组成部分，是生命全周期服务管理的重要内容。通过创设适宜环境，合理安排一日生活和活动，提供生活照料、安全看护、平衡膳食和早期学习机会，促进婴幼儿身体和心理的全面发展。同时指出托育机构保育应遵循以下基本原则：

(1)尊重儿童。坚持儿童优先，保障儿童权利。尊重婴幼儿成长特点和规律，关注个体差异，促进每个婴幼儿全面发展。

(2)安全健康。最大限度地保护婴幼儿的安全和健康，切实做好托育机构的安全防护、营养膳食、疾病防控等工作。

(3)积极回应。提供支持性环境，敏感观察婴幼儿，理解其生理和心理需求，并及时给予积极适宜的回应。

(4)科学规范。按照国家和地方相关标准和规范，合理安排婴幼儿的生活和活动，满足婴幼儿生长发育的需要。

大纲规定托育机构保育工作应当遵循婴幼儿发展的年龄特点与个体差异，通过多种途径促进婴幼儿身体发育和心理发展。保育重点应当包括营养与喂养、睡眠、生活与卫生习惯、动作、语言、认知、情感与社会性等。

营养与喂养目标：

(1)获取安全、营养的食物，达到正常生长发育水平；

(2)养成良好的饮食行为习惯。

保育要点：

7—12 个月：母乳喂养，不能继续母乳喂养的婴儿使用配方奶喂养。及时添加辅食，从富含铁的泥糊状食物开始，遵循由一种到多种、由少到多、由稀到稠、由细到粗的原则。辅食不添加糖、盐等调味品。每引入新食物要密切观察婴儿是否有皮疹、呕吐、腹泻等不良反应。注意观察婴儿所发出的饥饿或饱足的信号，并及时、恰当回应，不强迫喂食。鼓励婴儿尝试自己进食，培养进餐兴趣。13—24 个月：继续母乳或配方奶喂养，可以引入奶制品作为辅食，每日提供多种类食物。鼓励和协助幼儿自己进食，关注幼儿以语言、肢体动作等发出进食需求，顺应喂养。培养幼儿使用水杯喝水的习惯，不提供含糖饮料。25—36 个月：每日提供多种类食物。引导幼儿认识和喜爱食物，培养幼儿专注进食习惯、选择多种食物的能力。鼓励幼儿参与协助分餐、摆放餐具等活动。

指导建议：

(1)制定膳食计划和科学食谱，为婴幼儿提供与年龄发育特点相适应的食物，规律进餐，为有特殊饮食需求的婴幼儿提供喂养建议。

(2)为婴幼儿创造安静、轻松、愉快的进餐环境，协助婴幼儿进食，并鼓励婴幼儿表达需求、及时回应，顺应喂养，不强迫进食。

(3)有效控制进餐时间，加强进餐看护，避免发生伤害。

睡眠目标：

(1)获得充足睡眠；

(2)养成独自入睡和作息规律的良好睡眠习惯。

保育要点：

7—12 个月：识别婴儿困倦的信号，通过常规睡前活动，培养婴儿独自入睡。帮助婴儿采用仰卧位或侧卧位姿势入睡，脸和头不被遮盖。注意观察婴儿睡眠状态，减少抱睡、摇睡等安抚行为。13—24 个月：固定幼儿睡眠和唤醒时间，逐渐建立规律的睡眠模式。坚持开展睡前活动，确保幼儿进入较安静状态。培养幼儿独自入睡的习惯。25—36 个月：规律作息，每日有充足的午睡时间。引导幼儿自主做好睡眠准备，养成良好的睡眠习惯。

指导建议：

(1)为婴幼儿提供良好的睡眠环境和设施，温湿度适宜，白天睡眠不过度遮蔽光线，设立独立床位，保障安全、卫生。

(2)加强睡眠过程巡视与照护，注意观察婴幼儿睡眠时的面色、呼吸、睡姿，避免发生伤害。

(3)关注个体差异及睡眠问题，采取适宜的照护方式。

生活与卫生习惯目标：

(1)学习盥洗、如厕、穿脱衣服等生活技能；

(2)逐步养成良好的生活卫生习惯。

保育要点：

7—12 个月：及时更换尿布，保持臀部和身体干爽清洁。生活照护过程中，注重与婴儿互动交流。识别及回应婴儿哭闹、四肢活动等表达的需求。13—24 个月：鼓励幼儿及时表达大小便需求，形成一定的排便规律，逐渐学会自己坐便盆。协助和引导幼儿自己洗手、穿脱衣服等。引导和帮助幼儿学会咳嗽和打喷嚏的方法。25—36 个月：培养幼儿主动如厕。引导幼儿餐后漱口，使用肥皂或洗手液正确洗手，认识自己的毛巾并擦手。鼓励幼儿自己穿脱衣服。

指导建议：

(1)保持生活场所的安全卫生，预防异物吸入、烧烫伤、跌落伤、溺水、中毒等伤害发生。

(2)在生活中逐渐养成婴幼儿良好习惯，做好回应性照护，引导其逐步形成规则和安全意识。

(3)注意培养婴幼儿良好的用眼习惯，限制电子屏幕使用时间。

(4)注意培养婴幼儿良好的口腔卫生习惯，预防龋齿。

(5)在各生活环节中，做好观察，发现有精神状态不良、烦躁、咳嗽、打喷嚏、呕吐等表现的婴幼儿，要加强看护，必要时及时隔离，并联系家长。

动作目标：

(1)掌握基本的大运动技能；

(2)达到良好的精细动作发育水平。

保育要点：

7—12 个月：鼓励婴儿进行身体活动，尤其是地板上的游戏活动。鼓励婴儿自主探索从躺位变成坐位，从坐位转为爬行，逐渐到扶站、扶走。提供适宜的玩具，促进抓、捏、握等精细动作发育。13—24 个月：鼓励幼儿进行形式多样的身体活动，为幼儿提供参加爬、走、跑、钻、踢、跳等活动的机会。提供多种类活动材料，促进涂画、拼搭、叠套等精细动作发育。鼓励幼儿自己喝水、用小勺吃饭、自己翻书等。25—36 个月：为幼儿提供参加走直线、跑、跨越低矮障碍物、双脚跳、单足站立、原地单脚跳、上下楼梯等活动的机会。提供多种类活动材料，促进幼儿搭建、绘画、简单手工制作等精细动作发育。鼓励幼儿自己用水杯喝水、用勺吃饭、协助收纳等。

指导建议：

(1)在各个生活环节中，创造丰富的身体活动环境，确保活动环境和材料安全、卫生。

(2)充分利用日光、空气和水等自然条件，进行身体锻炼，保证充足的户外活动时间。

(3)安排类型丰富的活动和游戏，并保证每日有适宜强度、频次的大运动活动。做好运动中的观察及照护，避免发生伤害。

(4)关注患病婴幼儿。处于急慢性疾病恢复期的婴幼儿，及时调整活动强度和时间；发现运动发育迟缓婴幼儿，给予针对性指导，及时转介。

语言目标：

(1)对声音和语言感兴趣，学会正确发音；

(2)学会倾听和理解语言，逐步掌握词汇和简单的句子；

(3)学会运用语言进行交流，表达自己的需求；

(4)愿意听故事、看图书，初步发展早期阅读的兴趣和习惯。

保育要点：

7—12 个月：经常和婴儿说话，引导其对发音产生兴趣，模仿和学习简单的发音。向婴儿复述生活中常见物品和动作，帮助其逐渐理解简单的词汇。引导婴儿使用简单的声音、表情、动作、语言表达自己的需求。为婴儿选择合适的图画书，朗读简单的故事或儿歌。13—24 个月：培养幼儿正确发音，逐步将语言与实物或动作建立联系。鼓励幼儿模仿和学习使用词语或短句表达自己的需求。引导幼儿学会倾听并乐意执行简单的语言指令，积极使用语言进行交流。提供机会让幼儿多读绘本、多听故事、学念儿歌。25—36 个月：指导幼儿正确地运用词语说出简单的句子。鼓励幼儿用语言表达自己的需求和感受。创造条件和机会，使幼儿多听、多看、多说、多问、多想，谈论生活中的所见所闻。培养幼儿阅读的兴趣和能力，学讲故事、学念儿歌。

指导建议：

(1)创设丰富和应答的语言环境，提供正确的语言示范，保持与婴幼儿的交流与沟通，引导其倾听、理解和模仿语言。

(2)为不同月龄婴幼儿提供和阅读适合的儿歌、故事和图画书，培养早期阅读兴趣和习惯。

(3)关注语言发展迟缓的婴幼儿，并给予个别指导。

认知目标：

(1)充分运用各种感官探索周围环境，有好奇心和探索欲；

(2)逐步发展注意、观察、记忆、思维等认知能力；

(3)学会想办法解决问题，有初步的想象力和创造力。

保育要点：

7—12 个月：提供有利于视、听、触摸等材料，激发婴儿的观察兴趣。鼓励婴儿调动各种感官，感知物体的大小、形状、颜色、材质等。引导婴儿观察周围的事物，模仿所看到的某些事物的声音和动作。13—24 个月：引导幼儿运用各种感官探索周围环境，逐步发展注意、记忆、思维等认知能力。鼓励幼儿辨别生活中常见物体的大小、形状、颜色、软硬、冷热等明显特征。鼓励幼儿在操作、摆弄、模仿等活动中想办法解决问题。25—36 个月：引导幼儿运用各种感官反复持续探索周围环境，逐步巩固和加深对周围事物的认识。启发幼儿观察辨别生活中常见物体的特征和用途，进行简单的分类，并感受生活中的数学。培养幼儿在感兴趣的事情上能够保持一定的专注力。通过各种游戏和活动，鼓励幼儿主动思考、积极提问并大胆猜想，激发幼儿的想象力和创造力。

指导建议：

(1)创设环境，促进婴幼儿通过视、听、触摸等多种感觉活动与环境充分互动，丰富认识和记忆经验。

(2)保护婴幼儿对周围事物的好奇心和求知欲，耐心回应婴幼儿的问题，鼓励自己寻找答案。

(3)在确保安全健康的前提下，支持和鼓励婴幼儿的主动探索。

情感与社会性目标：

(1)有安全感，能够理解和表达情绪；

(2)有初步的自我意识，逐步发展情绪和行为的自我控制；

(3)与成人和同伴积极互动，发展初步的社会交往能力。

保育要点：

7—12 个月：观察了解不同月龄婴儿的需要，把握其情绪变化，尊重和满足其爱抚、亲近、搂抱等情感需求。引导婴儿理解和辨别高兴、喜欢、生气等不同情绪。敏感察觉婴儿情绪变化，理解其情感需求并及时回应。创设温暖、愉快的情绪氛围，促进婴儿交往的积极性。13—24 个月：引导幼儿用表情、动作、语言等方式表达自己的情绪。培养幼儿愉快的情绪，及时肯定和鼓励幼儿适宜的态度和行为。拓展交往范围，引导幼儿认识他人不同的想法和情绪。引导幼儿理解并遵守简单的规则。25—36 个月：谈论日常生活中幼儿感兴趣的人和事，引导其通过语言和行为等方式表达情绪情感。鼓励幼儿进行情绪控制的尝试，指导其学会简单的情绪调节策略。创设人际交往的机会和条件，使幼儿感受与人交往的愉悦。帮助幼儿理解和遵守简单的规则，初步学习分享、轮流、等待、协商，尝试解决同伴冲突。

指导建议：

(1)观察了解每个婴幼儿独特的沟通方式和情绪表达特点，正确判断其需求，并给予及时、恰当的回应。

(2)与婴幼儿建立信任和稳定的情感联结，使其有安全感。

(3)建立一日生活和活动常规，开展规则游戏，帮助婴幼儿理解和遵守规则，逐步发展规则意识，适应集体生活。

(4)创造机会，支持婴幼儿与同伴和成人的交流互动，体验交往的乐趣。

托育机构是实施保育的场所，应当提供健康、安全、丰富的生活和活动环境，配置符合婴幼儿月龄特点的家具、用具、玩具、图书、游戏材料和安全防护措施，并根据场地条件合理确定收托规模，配备符合要求的保育人员；托育机构负责人负责保育的组织与管理，指导、检查和评估保育人员的工作；托育机构保育人员是保育工作的主要实施者，应当具有良好的职业道德和业务能力，身心健康。负责婴幼儿日常生活照料和活动组织，主动了解和满足婴幼儿不同的发展需求，平等对待每一个婴幼儿，呵护婴幼儿健康成长；保育工作应当根据婴幼儿身心发展特点和规律，制订科学的保育方案，合理安排婴幼儿饮食、饮水、如厕、盥洗、睡眠、游戏等一日生活和活动，支持婴幼儿主动探索、操作体验、互动交流和表达表现，丰富婴幼儿的直接经验；托育机构应当建立信息管理、健康管理、疾病防控和安全防护监控制度，制定安全防护、传染病防控等应急预案，切实做好室内外环境卫生，注意防范和避免伤害，确保婴幼儿的安全和健康；托育机构应当与家庭、社区密切合作，充分整合各方资源支持托育机构保育工作，向家庭、社区宣传科学的育儿理念和方法，提供照护服务和指导服务，帮助家庭增强科学育儿能力。

二、3—6岁学前教育相关政策法规

(一)学前教育相关法律法规

学前教育相关法律法规主要包括《幼儿园管理条例》《幼儿园工作规程》等。

1.《幼儿园管理条例》

知识拓展：学前教育法颁布的意义

1989年8月，《幼儿园管理条例》经国务院批准，1989年9月11日中华人民共和国国家教育委员会令发布，自1990年2月起施行。

《幼儿园管理条例》共分6章、32条，包括总则、举办幼儿园的基本条件和审批程序、幼儿园的保育和教育工作、幼儿园的行政事务、奖励和处罚、附则。基本内容包括幼儿园的性质和任务、保育和教育工作的目标、学前教育的发展方针和领导体制、举办幼儿园的实体条件和程序、幼儿园保育教育的基本原则和基本工作、规范政府管理幼儿园的基本职责、幼儿园内部行政管理体制的主要内容、违反条例的法律责任等。

2.《幼儿园工作规程》

《幼儿园工作规程》是为加强幼儿园的科学管理，规范办园行为，提高保育和教育质量，促进幼儿身心健康，国家教委依据《中华人民共和国教育法》等法律法规制定。在1989年、1996年版本的基础上经过多次讨论，《幼儿园工作规程》已经2015年12月14日第48次部长办公会议审议通过，自2016年3月1日起施行。其主要内容包括：

幼儿入园和编班。幼儿入园除进行健康检查外，禁止任何形式的考试或测查。幼儿园每班幼儿人数一般为：小班(3—4周岁)25人，中班(4—5周岁)30人，大班(5—6周岁)35人，混合班30人。寄宿制幼儿园每班幼儿人数酌减。

幼儿园的安全。幼儿园应当把安全教育融入一日生活，并定期组织开展多种形式的安全教育和事故预防演练。

幼儿园的卫生保健。幼儿园应当制定合理的幼儿一日生活作息制度。正餐间隔时间为3.5—4小时。在正常情况下，幼儿户外活动时间(包括户外体育活动时间)每天不得少于2小时，寄宿制幼儿园不得少于3小时，高寒、高温地区可酌情增减。

幼儿园的教育。幼儿园应当将游戏作为对幼儿进行全面发展教育的重要形式。幼儿园不得提前教授小学教育内容，不得开展任何违背幼儿身心发展规律的活动。

幼儿园的园舍、设备。幼儿园应当按照国家的相关规定设活动室、寝室、卫生间、保健室、综合活动室、厨房和办公用房等，并达到相应的建设标准。有条件的幼儿园应当优先扩大幼儿游戏和活动空间。

幼儿园的教职工。幼儿园按照国家相关规定设园长、副园长、教师、保育员、卫生保健人员、炊事员和其他工作人员等岗位，配足配齐教职工。幼儿园教职工患传染病期间暂停在幼儿园的工作。有犯罪、吸毒记录和精神病史者不得在幼儿园工作。幼儿园教师实行聘任制。

幼儿园的经费。幼儿园实行收费公示制度。幼儿园不得以培养幼儿某种专项技能、组织或参与竞赛等为由，另外收取费用；不得以营利为目的组织幼儿参加表演、竞赛等活动。

幼儿园、家庭和社区。幼儿园应当主动与幼儿家庭沟通合作，加强与社区的联系与合作。

幼儿园的管理。幼儿园实行园长负责制等。

知识拓展：学前教育法律法规和学前教育政策的关系

(二)学前教育相关政策

想一想

2018年11月，《中共中央　国务院关于学前教育深化改革规范发展的若干意见》对新时代学前教育深化改革规范发展作出重大决策部署，包括9部分35条重大政策措施，进一步完善了学前教育政策保障体系，包括资源供给、经费投入、教师队伍建设等政策保障，进一步强化了完善监管体系、规范办园行为、提高办园质量等方面的规定要求。同时指出到2020年，学前三年毛入园率达到85%、普惠性幼儿园覆盖率达到80%，基本建成广覆盖、保基本、有质量的学前教育公共服务体系，有效解决“入园难”“入园贵”问题。2035年，全面普及学前三年教育，建成覆盖城乡、布局合理的学前教育公共服务体系，为幼儿提供更加充裕、更加普惠、更加优质的学前教育。

你能谈一下近几年国家关于学前教育发展的政策还有哪些吗？对托幼机构未来发展会产生哪些影响？

1.《中共中央　国务院关于学前教育深化改革规范发展的若干意见》

《中共中央　国务院关于学前教育深化改革规范发展的若干意见》是为进一步完善学前教育公共服务体系，切实办好新时代学前教育，更好实现幼有所育，就学前教育深化改革规范发展提出的意见。由中共中央、国务院于2018年11月7日发布并实施。

意见分为总体要求、优化布局与办园结构、拓宽途径扩大资源供给、健全经费投入长效机制、大力加强幼儿园教师队伍建设、完善监管体系、规范发展民办园、提高幼儿园保教质量、加强组织领导九个部分。

意见提出：学前教育是终身学习的开端，是国民教育体系的重要组成部分，是重要的社会公益事业。办好学前教育、实现幼有所育，是党的十九大作出的重大决策部署，是党和政府为老百姓办实事的重大民生工程，关系亿万儿童健康成长，关系社会和谐稳定，关系党和国家事业未来。

意见旨在进一步完善学前教育公共服务体系，切实办好新时代学前教育，更好实现幼有所育。

想一想

一位两岁多男孩的妈妈，计划次年把儿子送到幼儿园。她提前打听小区幼儿园收费标准，吓了一跳。自己所住小区配套幼儿园，不算任何优惠，国际半日班一个学期收费就已达13800元。如果要入国际蒙氏班，那么各项费用加起来需18000元以上。即使自己作为业主有优惠，每学期正常费用也在10000元左右。周边民办幼儿园收费标准都差不多，她开始疑惑：为什么现在上个幼儿园比上个大学还贵？

最近她听说了一个好消息，国家要大力发展学前教育，她开始了解国家有关学前教育的政策。其中《中共中央　国务院关于学前教育深化改革规范发展的若干意见》中指出，到 2020 年，学前三年毛入园率达到 85%、普惠性幼儿园覆盖率达到 80%，基本建成广覆盖、保基本、有质量的学前教育公共服务体系，有效解决“入园难”“入园贵”问题。这位妈妈经过调查发现国家各种对于学前教育的利好政策，以后上幼儿园不再是一件难事。

2.《国家中长期教育改革和发展规划纲要(2010—2020 年)》

2010 年 7 月，《国家中长期教育改革和发展规划纲要(2010—2020 年)》发布，将学前教育正式纳入 2010—2020 年我国教育事业发展任务之一，明确指出了学前教育的发展任务。

基本普及学前教育。学前教育对幼儿身心健康、习惯养成、智力发展具有重要意义。遵循幼儿身心发展规律，坚持科学保教方法，保障幼儿快乐健康成长。积极发展学前教育，到 2020 年，普及学前一年教育，基本普及学前两年教育，有条件的地区普及学前三年教育。重视 0—3 岁婴幼儿教育。

明确政府职责。把发展学前教育纳入城镇、社会主义新农村建设规划。建立政府主导、社会参与、公办民办并举的办园体制。大力发展公办幼儿园，积极扶持民办幼儿园。加大政府投入，完善成本合理分担机制，对家庭经济困难幼儿入园给予补助。加强学前教育管理，规范办园行为。制定学前教育办园标准，建立幼儿园准入制度。完善幼儿园收费管理办法。严格执行幼儿教师资格标准，切实加强幼儿教师培养培训，提高幼儿教师队伍整体素质，依法落实幼儿教师地位和待遇。教育行政部门加强对学前教育的宏观指导和管理，相关部门履行各自职责，充分调动各方面力量发展学前教育。

重点发展农村学前教育。努力提高农村学前教育普及程度。着力保证留守儿童入园。采取多种形式扩大农村学前教育资源，改扩建、新建幼儿园，充分利用中小学布局调整富余的校舍和教师举办幼儿园(班)。发挥乡镇中心幼儿园对村幼儿园的示范指导作用。支持贫困地区发展学前教育。

3.《国务院关于当前发展学前教育的若干意见》

为了全面推行《国家中长期教育改革和发展规划纲要(2010—2020 年)》的贯彻实施，2010 年 11 月，发布了《国务院关于当前发展学前教育的若干意见》。

主要内容包括：把发展学前教育摆在更加重要的位置；多种形式扩大学前教育资源；多种途径加强幼儿教师队伍建设；多种渠道加大学前教育投入；加强幼儿园准入管理；强化幼儿园安全监管；规范幼儿园收费管理；坚持科学保教，促进幼儿身心健康发展；完善工作机制，加强组织领导；统筹规划，实施学前教育三年行动计划等。

办好学前教育，关系亿万儿童的健康成长，关系千家万户的切身利益，关系国家和民族的未来。必须坚持政府主导，社会参与，公办民办并举，落实各级政府责任，充分调动各方面积极性。

大力发展公办幼儿园，提供“广覆盖、保基本”的学前教育公共服务。鼓励社会力量以多种形式举办幼儿园。城镇小区没有配套幼儿园的，应根据居住区规划和居住人口规模，按照国家有关规定配套建设幼儿园。新建小区配套幼儿园要与小区同步规划、同步建设、同步交付使用。建设用地按国家有关规定予以保障。未按规定安排配套幼儿园建设的小区规划不予审批。努力扩大农村学前教育资源。

加快建设一支师德高尚、热爱儿童、业务精良、结构合理的幼儿教师队伍。2010 年国家颁布幼儿教师专业标准。完善学前教育师资培养培训体系。

未取得办园许可证和未办理登记注册手续，任何单位和个人不得举办幼儿园。对社会各类幼儿培训机构和早期教育指导机构，审批主管部门要加强监督管理。

加强对幼儿园保教工作的指导，2010 年国家颁布幼儿学习与发展指南。遵循幼儿身心发展规律，面向全体幼儿，关注个体差异，坚持以游戏为基本活动，保教结合，寓教于乐，促进幼儿健康成长。

地方政府是发展学前教育、解决“入园难”问题的责任主体。

4.《3—6 岁儿童学习与发展指南》

为深入贯彻《国家中长期教育改革和发展规划纲要(2010—2020 年)》和《国务院关于当前发展学前教育的若干意见》(国发〔2010〕41 号)，指导幼儿园和家庭实施科学的保育和教育，促进幼儿身心全面和谐发展，于 2012 年 10 月 9 日由教育部正式颁布《3—6 岁儿童学习与发展指南》(以下简称《指南》)。《指南》从健康、语言、社会、科学、艺术五个领域描述幼儿学习与发展，分别对 3—4 岁、4—5 岁、5—6 岁三个年龄段末期幼儿应该知道什么、能做什么，大致可以达到什么发展水平提出了合理期望。

贯彻落实《指南》是加强科学保教，推进学前教育管理科学化、规范化的重要举措；是提高幼儿园教师专业素质和实践能力，全面提高学前教育质量的一项紧迫任务；是普及科学育儿知识，防止和克服“小学化”倾向的有效手段。《指南》全面、系统地明确了 3—6 岁每个年龄段幼儿在各学习与发展领域的合理发展期望和目标，也对实现这些目标的具体方法和途径提出了具体、可操作的建议。正确领会和理解《指南》的理念和要求，熟知 3—6 岁幼儿的身心发展特点和行为表现，是每一个学前教育工作者最基本的专业知识和实践能力要求。《指南》出台对全面提高广大幼儿园教师的专业素质和教育实践能力具有重要的指导意义。近些年，广大家长对学前教育重视程度不断提高，但普遍缺乏正确的教育观念和科学的引导，加上应试教育的影响和各种商业性宣传的误导，社会上信息不对称的问题越来越突出，很多家长牺牲了孩子快乐的童年生活，盲目追求“提前学习”“超前教育”，不仅让幼儿“伤”在了起跑线上，而且严重干扰了幼儿园的办园方向和正常的教育教学秩序。《指南》的出台，为广大家长科学育儿提供了权威性的参考和指导，对切实转变广大家长的教育观念，提高科学育儿能力，创设有利于幼儿健康成长的良好社会环境具有重要的现实意义。

很多发达国家相继出台了早期儿童学习与发展指南，对于有效转变公众的教育观念，有针对性地指导教师、引导家长，提高学前教育机构的保教质量发挥了重要作用。从这个意义上说，《指南》的出台标志着政府学前教育管理理念的转变和管理职能的创新，是新时期新阶段学前教育改革发展史上又一件具有重要里程碑意义的大事。

5.《幼儿园教育指导纲要(试行)》

《幼儿园教育指导纲要(试行)》是根据党的教育方针和《幼儿园工作规程》(以下简称《规程》)制定的，是指导广大幼儿教师将《规程》的教育思想和观念转化为教育行为的指导性文件。为贯彻《中华人民共和国教育法》《幼儿园管理条例》和《幼儿园工作规程》，指导幼儿园深入实施素质教育，特制定本纲要。纲要指出幼儿园教育是基础教育的重要组成部分，是我国学校教育和终身教育的奠基阶段。城乡各类幼儿园都应从实际出发，因地制宜地实施素质教育，为幼儿一生的发展打好基础；幼儿园应与家庭、社区密切合作，与小学相互衔接，综合利用各种教育资源，共同为幼儿的发展创造良好的条件；幼儿园应为幼儿提供健康、丰富的生活和活动环境，满足他们多方面发展的需要，使他们在快乐的童年生活中获得有益于身心发展的经验；幼儿园教育应尊重幼儿的人格和权利，尊重幼儿身心发展的规律和学习特点，以游戏为基本活动，保教并重，关注个别差异，促进每个幼儿富有个性的发展。幼儿园的教育内容是全面的、启蒙性的，可以相对划分为健康、语言、社会、科学、艺术五个领域，也可作其他不同的划分。各领域的内容相互渗透，从不同的角度促进幼儿情感、态度、能力、知识、技能等方面的发展。

6.《幼儿园保育教育质量评估指南》

《幼儿园保育教育质量评估指南》(以下简称《评估指南》)是中华人民共和国教育部 2022 年 2 月 10 日印发的。《评估指南》是为了深入贯彻全国教育大会精神，加快建立健全教育评价制度，促进学前教育高质量发展制定的。《评估指南》聚焦幼儿园保育教育过程及影响保育教育质量的关键要素，围绕办园方向、保育与安全、教育过程、环境创设、教师队伍五个方面提出了 15 项关键指标和 48 个考查要点，旨在引导幼儿园全面贯彻党的教育方针，落实立德树人根本任务，尊重幼儿年龄特点和发展规律，坚持保育教育结合，以游戏为基本活动，不断提高幼儿园办园水平和保教质量。

《评估指南》着力从三个方面改进优化评估方式，切实提高评估工作的科学性、有效性。一是注重过程评估。二是强化自我评估。三是聚焦班级观察。

《评估指南》从五个方面进行组织实施。一是加强组织领导。二是明确评估周期。三是强化评估保障。四是注重激励引导。五是营造良好氛围。

做一做

多种形式扩大学前教育资源，根据《国务院关于当前发展学前教育的若干意见》的相关规定，具体要求有（　　）。

A. 大力发展公办幼儿园，提供“广覆盖、保基本”的学前教育公共服务

B. 鼓励社会力量以多种形式办园

C. 城镇小区没有配套幼儿园的，按照国家有关规定配套建设幼儿园

D. 努力扩大农村学前教育资源

单元练习

一、单选题

1. 按照《幼儿园工作规程》规定，幼儿园中班人数为（　　）人。

A. 25　　B. 30　　C. 32　　D. 35

2. 幼儿园教育应以（　　）为基本活动，寓教育于各项活动之中。

A. 学习　　B. 上课　　C. 玩耍　　D. 游戏

3.《幼儿园管理条例》对幼儿园保育和教育工作进行了一系列的规定，要求幼儿园要贯彻（　　）。

A. 身心相契原则　　B. 和谐发展原则

C. 保教结合原则　　D. 全面发展原则

二、多选题

1. 我国学前教育法的法律渊源有（　　）。

A. 宪法　　B. 法律　　C. 规章　　D. 国际条约

2. 根据《中华人民共和国学前教育法（草案）》，下列说法正确的是（　　）。

A. 学前教育是学校教育制度的起始阶段，是国民教育体系的重要组成部分，是重要的社会公益事业

B. 新小区按照国家和地方标准配套幼儿园，只能是公办幼儿园，且公办园的产权在交付使用时需要移交地方人民政府

C. 社会资本不得通过兼并收购、受托经营、加盟连锁、利用可变利益实

体、协议控制等方式控制公办幼儿园、非营利性民办幼儿园

D. 国家大力发展普惠性学前教育资源，鼓励、支持和规范社会力量参与

3. 下列有关学前教育法律法规和学前教育政策的关系说法正确的是(　　)。

A. 学前教育政策制定的主体主要是政府和政党；学前教育法律法规是由法定的国家机关按照法定的程序制定和颁布的

B. 学前教育政策通常以党和政府关于教育工作的会议决议、纪要、决定、指南、实施纲要、通知、报告、宣言等形式发布；学前教育法律法规规定的是法律关系主体的法定权利和义务，以条文形式体现

C. 学前教育政策：不具有广泛的约束力和国家强制力；学前教育法律法规：国家法律的实施，具有普遍约束力和国家强制力

D. 学前教育政策与学前教育法规是相互独立的

三、判断题

1. 幼儿入园前，应当按照卫生部门制定的卫生保健制度进行健康检查，合格者方可入园。(　　)

2. 未取得办园许可证和未办理登记注册手续，任何单位和个人不得举办幼儿园。(　　)

课后练习答案

第三课　托幼机构安全事故及责任认定

婴幼儿的安全与健康，不仅关系到他们的身心发展与成长，而且关系到家庭的幸福乃至社会的安全、国家的未来。因此，要为他们提供一个安全的生活和学习环境，给他们以细心的照顾，对他们进行安全教育，促进他们健康快乐的成长。

一、托幼机构安全事故类型

(一)婴幼儿游戏时受伤

这种情况一般都是由意外事故引起的，即使教师在现场，婴幼儿的伤害也往往是不可避免的。婴幼儿在活动中很难对自己的行为进行有效的控制，活动时不小心绊倒、相互之间碰撞以及其他的伤害都是不可避免的。但幼儿园如果没有尽到自身的义务，就很难证明是没有过错的。

(二)因教学设施引起

滑梯、攀登架、小城堡、海洋球、蹦蹦床、秋千等大型玩具如果年久失修，存在着安全隐患，一旦发生事故，托幼机构必须承担相应的责任。托幼机构如未及时更换已经陈旧老化的器械，形成了事故隐患，而教师又未发现

存在的问题，就很容易发生事故。此外，托幼机构中楼房占大多数，教室、楼道、走廊、楼梯也是容易出事故的地方。

(三)婴幼儿走失

婴幼儿走失属托幼机构严重事故。婴幼儿走失是托幼机构管理的失误，是托幼机构未尽看管之职。婴幼儿在托幼机构期间(指婴幼儿从踏入托幼机构门到离开托幼机构这段时间)，教师应该看管好婴幼儿。婴幼儿离开必须经教师同意，或者婴幼儿家长的许可。

(四)体罚和变相体罚婴幼儿

体罚指用罚站、罚跪、打手心等方式来处罚婴幼儿。变相体罚，如罚蹲下起立等，均不可。

(五)婴幼儿被他人接走

托幼机构管理制度有漏洞，造成婴幼儿被他人接走。

(六)外来人员侵入

托幼机构的门卫制度不严，外来人员容易乘人不备，溜进托幼机构，造成事故。

(七)托幼机构组织校外活动引发事故

托幼机构的外出活动，如果组织不够严密，教师麻痹大意，那么偶发事件会不期而遇。

(八)婴幼儿自身原因所致

很多场合下安全事故是由于婴幼儿身体状况而产生的，如婴幼儿患某种疾病、体质弱、身体残疾等。

二、托幼机构安全事故的法律责任

(一)教育机构法律责任

1. 无人侵害

以上托幼机构安全事故类型中，婴幼儿游戏时受伤、因教学设施引起、婴幼儿走失、托幼机构组织校外活动引发事故、婴幼儿自身原因所致，这些类型都可能属于无人侵害类型，是意外事故、存在安全隐患或者管理制度上存在重大缺陷等所致。在区分法律责任时，要确认托幼机构是否尽到教育管理职责。

2. 被学生侵害

婴幼儿在托幼机构被其他婴幼儿伤害，应当由监护人承担侵权责任。托幼机构由于监管不力承担相应责任。

《民法典》第一千一百八十八条规定，无民事行为能力人、限制民事行为能力人造成他人损害的，由监护人承担侵权责任。监护人尽到监护职责的，可以减轻其侵权责任。有财产的无民事行为能力人、限制民事行为能力人造成他人损害的，从本人财产中支付赔偿费用；不足部分，由监护人赔偿。

3. 被教育机构工作人员侵害

如果教育机构出现体罚和变相体罚婴幼儿，那么应当由教育机构承担责任。

《民法典》第一千一百九十九条规定，无民事行为能力人在幼儿园、学校或者其他教育机构学习、生活期间受到人身损害的，幼儿园、学校或者其他教育机构应当承担侵权责任；但是，能够证明尽到教育、管理职责的，不承担侵权责任。

对于无民事行为能力人在幼儿园、学校或者其他教育机构学习、生活期间受到人身损害的适用过错推定责任原则，幼儿园、学校或者其他教育机构有举证责任，举证不出的，承担举证不利的责任。

根据《中华人民共和国教师法》第三十七条规定，教师有下列情形之一的，由所在学校、其他教育机构或者教育行政部门给予行政处分或者解聘。

(1)故意不完成教育教学任务给教育教学工作造成损失的；

(2)体罚学生，经教育不改的；

(3)品行不良、侮辱学生，影响恶劣的。

教师有前款第(2)项、第(3)项所列情形之一，情节严重构成犯罪的，依法追究刑事责任。

所以一旦出现体罚或者变相体罚婴幼儿，应当由教育机构或者教育行政部门对该工作人员进行行政处分或解聘，情节严重，构成犯罪的依法追究刑事责任。教育机构同时要对婴幼儿承担侵权责任。

4. 第三人侵害

外来人员侵入造成婴幼儿受到人身伤害的，由侵权人承担侵权责任，幼儿园、托育机构或者其他教育机构未尽到管理职责的，承担相应的补充责任。

《民法典》第一千二百零一条规定：无民事行为能力人或者限制民事行为能力人在幼儿园、学校或者其他教育机构学习、生活期间，受到幼儿园、学校或者其他教育机构以外的第三人人身损害的，由第三人承担侵权责任；幼儿园、学校或者其他教育机构未尽到管理职责的，承担相应的补充责任。幼儿园、学校或者其他教育机构承担补充责任后，可以向第三人追偿。

想一想

幼儿小赵5岁，在幼儿园放学期间，被闯入幼儿园的精神病人用刀砍伤，请问小赵如何追责？

(二)教育机构的免责事由

因下列情形之一造成的学生伤害事故，学校已履行了相应职责，行为并无不当的，无法律责任：

(1)地震、雷击、台风、洪水等不可抗的自然因素造成的；

(2)来自学校外部的突发性、偶发性侵害造成的；

(3)学生有特异体质、特定疾病或者异常心理状态，学校不知道或者难于知道的；

(4)学生自杀、自伤的；

(5)在对抗性或者具有风险性的体育竞赛活动中发生意外伤害的；

(6)其他意外因素造成的。

下列情形下发生的造成学生人身损害后果的事故，学校行为并无不当的，不承担事故责任；事故责任应当按有关法律法规或者其他有关规定认定：

(1)在学生自行上学、放学、返校、离校途中发生的；

(2)在学生自行外出或者擅自离校期间发生的；

(3)在放学后、节假日或者假期等学校工作时间以外，学生自行滞留学校或者自行到校发生的；

(4)其他在学校管理职责范围外发生的。

三、托幼机构安全事故的赔偿

托幼机构承担的民事赔偿责任范围可分为财产损害赔偿和精神损害赔偿。

《民法典》第一千一百七十九条规定，侵害他人造成人身损害的，应当赔偿医疗费、护理费、交通费、营养费、住院伙食补助费等为治疗和康复支出的合理费用，以及因误工减少的收入。造成残疾的，还应当赔偿辅助器具费和残疾赔偿金；造成死亡的，还应当赔偿丧葬费和死亡赔偿金。

《民法典》第一千一百八十三条规定，侵害自然人人身权益造成严重精神损害的，被侵权人有权请求精神损害赔偿。

因故意或者重大过失侵害自然人具有人身意义的特定物造成严重精神损害的，被侵权人有权请求精神损害赔偿。

四、托幼机构安全事故的预防

(一)消除隐患，营造安全环境

1. 室外环境

(1)托幼机构室外活动要求各班必须在自己的活动场地内玩耍游戏，教师要认真组织指导，婴幼儿自由活动时，教师要注意引导，要活而不乱，采取多种形式而不是放任自流。如果托幼机构面积有限，不能保证每个婴幼儿有2平方米的活动场地，就应该分时间分班次安排划分场地，保证婴幼儿足够的户外活动空间。在足够的活动空间内，不会因为大班幼儿活动量大而造成剧烈撞伤或误伤中小班婴幼儿。

(2)场地中大中型玩具安装位置要合理，要保证玩具检修制度的落实，随时检查修理，保证婴幼儿安全使用。

(3)室外排水井盖要稳当牢固，检修期间必须事先通知保教部门，并在大会上通知各班教师组织婴幼儿远离维修现场，竖立明显警示标志。

(4)室外建筑花坛围墙拐角要有避免撞伤的预防性措施，种植的植物应无刺无毒，避免婴幼儿意外受伤、中毒。

2. 室内环境

(1)在婴幼儿安全疏散和经常出入的通道上，不应设有台阶。必要时可设防滑坡道，其坡度不应大于1∶12。

(2)楼梯、扶手、栏杆和台阶应符合下列规定：楼梯除设成人扶手外，应在靠墙一侧设婴幼儿扶手，其高度不应大于0.6米，楼梯两侧不靠墙时，两侧都应设有幼儿扶手；楼梯栏杆垂直直线之间净距离不应大于0.11米，当净距离大于0.2米时，必须采取安全措施；楼梯台阶的高度不应大于0.15米，宽度不应小于0.26米。

(3)阳台、屋顶平台的护栏净高不应小于1.2米，内侧不应设有支撑，护栏采用垂直线饰，其净空距离不应大于0.11米。

(二)科学管理，完善安全制度

1. 建立健全各项规章制度

托幼机构要建立健全各类安全制度，例如：卫生保健制度，饮食管理制度，卫生消毒及隔离制度，卫生保健登记统计制度，安全保护制度，门卫制度，安全巡查检查制度，消防安全制度，用水(电、气)安全制度，食堂采购、索证、登记制度，学生安全信息通报制度，住宿学生安全管理制度，接送车辆安全管理制度，校车驾驶人员管理制度，安全教育培训制度，安全事故应急预案及演练制度，药物管理制度，幼儿接送制度，等等。(见图7-1)

图 7-1　食品安全检查

2. 建立突发事件应急预案

托幼机构应当制定各类突发事件应急预案。突发台风、地震、洪水、火灾等重大灾害以及发生公共卫生、环境污染事件时，托幼机构应当立即启动相应的应急预案，迅速采取应急安全保护措施，保护学生的人身安全，必要时可以临时停课，并及时报告有关部门和上级部门。

(三)强化责任，加强安全教育

1. 提高托幼机构教师的专业化程度

(1)规范托幼机构用工制度，减少托幼机构安全隐患。教育行政部门要把托幼机构的员工招聘条件、待遇、管理与托幼机构的等级注册和达标验收结合起来，加强对托幼机构各类人员的培训考核，全面落实持证上岗制度。同时要加强教职员工的心理健康教育和疏导，以保证教师队伍的高素质，从而保证婴幼儿的人身和情感安全。

(2)更新教师观念，保证婴幼儿情感安全。托幼机构要不断加强教师的理论修养，提高专业素质，要树立正确、科学的教育观、儿童观，为婴幼儿创造安全、和谐、温馨的心理精神环境，让婴幼儿得到情感上的安全。对遇到重大突发事件或婴幼儿家庭中的变故时，教师要学会引导、疏导婴幼儿情感上的恐惧和不安，培养婴幼儿积极健康的心理品质。

(3)对托幼机构教师进行定期的安全知识与技能培训。内容包括教师一日工作常规、婴幼儿安全事故应急处理方法、消防知识以及医疗急救常识等。

2. 对婴幼儿进行安全教育及相关能力的培养

托幼机构应因地制宜，对婴幼儿实施安全启蒙教育，教给婴幼儿如何躲避伤害，能够安全生活的知识经验，增强安全防范能力。教师尤其要关注婴幼儿的饮食安全、活动安全和脑部安全，要利用托幼机构一日活动各环节的教育因素，使婴幼儿牢记有关知识，学习简易可行的应急措施，增强婴幼儿防范应变能力。

3. 家园同步，有效实施安全管理

托幼机构在开展多种形式的家教活动中，应渗透安全健康教育内容，让家长掌握有关安全常识，以利于家长在日常生活中对婴幼儿进行教育，并提供安全的家庭环境。要充分挖掘、利用家庭和社区的教育资源，与公安、交通、消防、社区等单位共建婴幼儿安全启蒙基地，增加合力效应，以有效地提升婴幼儿自我保护、自我防范的能力。

铸魂育人

2021 年，郑州市金水区教育局组织开展幼儿园安全事故排除检查，根据教育部办公厅发布的《关于做好 2021 年中小学幼儿园安全管理工作的通知》，需要做好以下几个方面的工作。

通知要求，各地要做好校内校外全面防控，不留死角。一方面，进一步健全校园安全管理制度，积极推进校园安全防范建设三年行动计划，加强校园门卫值守、内部人员管理和隐患排查整改。另一方面，进一步加强校园周边综合治理，会同有关部门加强对校园周边治安、卫生乱点和重大安全隐患的排查整改，健全落实校园周边“高峰勤务”和“护学岗”机制，确保校园周边环境安全、稳定、有序。

通知指出，各地要强化重点领域专项治理，精准施策。一是进一步落实校车安全管理要求，规范发展专用校车，淘汰在用的非专用校车。加强对驾乘人员管理，强化道路交通安全教育。二是进一步开展学生欺凌防治行动，深入开展专项治理，定期开展预防欺凌专题教育，加强中小学生心理健康教育，做好重点学生群体关爱工作。三是进一步深化网络环境专项治理，加大网络环境治理力度，加强学生手机使用管理，引导学生自觉防止网络沉迷等行为。

通知强调，各地要落实共同责任，形成家校社协同合力。一是进一步加强安全教育工作，统筹用好国家和地方教育资源，将安全教育贯穿于学校教育教学各个环节。二是密切配合，各展所长，不断丰富教育形式和载体，积极构建学校、家庭、社区协同育人机制。三是进一步推动家长落实监护责任，提醒家长切实履行好学生看管监护责任，严防离校期间出现监管真空。重点强化对家长预防学生溺水和网络沉迷的提醒工作。

单元练习

一、单选题

1. 在幼儿园开展的户外活动中，小明和洋洋一起玩滑梯，玩的过程中，小明推了洋洋一下，洋洋摔倒在地面上，老师马上从教室跑出来扶起了洋洋。对洋洋受伤应当承担赔偿责任的是（　　）。

A. 幼儿园　　B. 小明的监护人

C. 洋洋的监护人　　D. 小明的监护人和幼儿园

2. 根据法律，幼儿园对幼儿负有的责任有（　　）。

A. 监护责任　　B. 教育管理责任

C. 仅有教育责任　　D. 抚养责任

二、多选题

1. 下列造成幼儿受伤，但是学校已履行了相应职责，行为并无不当的，幼儿园无法律责任的情形有（　　）。

A. 不可抗的自然因素造成的

B. 来自学校外部的突发性、偶发性侵害造成的

C. 幼儿有特异体质、特定疾病或者异常心理状态，学校不知道或者难于知道的

D. 学生自杀、自伤的

2. 小刚在放学期间，被校外闯入的精神病人打伤，请问，谁应该对小刚受伤负责？（　　）

A. 精神病人的监护人　　B. 幼儿园承担补充责任

C. 小刚的监护人　　D. 精神病人

3. 教师有（　　）情形的，由所在学校、其他教育机构或者教育行政部门给予行政处分或者解聘。

A. 故意不完成教育教学任务给教育教学工作造成损失的

B. 体罚学生，经教育不改的

C. 品行不良、侮辱学生，影响恶劣的

D. 经常请假的

三、判断题

1. 因学校、学生和学生父母或者其他监护人以外的单位和个人的过错造成的学校安全事故，由学校承担相应的责任。（　　）

2. 学校安排学生参加活动，因提供场地、设备、交通工具、食品及其他消费与服务的经营者，或者学校以外的活动组织者的过错造成学生伤害事故，

应由学校依法承担相应的责任。(　　)

3. 不可抗力造成的安全事故，学校证明已履行了相应职责，行为并无不当的，学校不承担赔偿责任。(　　)

4. 无民事行为能力人在幼儿园、学校或者其他教育机构学习、生活期间受到人身损害的，幼儿园、学校或者其他教育机构应当承担侵权责任；由受害人承担举证责任。(　　)

课后练习答案

思考与练习

一、基础练习

简述幼儿园的设立条件。

思考与练习答案

二、实践练习

幼儿意外安全事故的常见类型及应急处理方式。(请至少列出 5 个)

单元测试题

幼儿园教师资格考试模拟测试题